KB220573

인플루언서
되는 법

4주 만에 준비하는 N잡러 가이드 1

인플루언서 되는 법

신소라 지음

유아이북스

나는 돈 잘 버는 직장인 인플루언서입니다

최근 한 인플루언서 분석업체에서 발표한 자료에 따르면, 인스타그램 팔로워를 5만 명에서 50만 명 정도 가진 인플루언서는 평균적으로 월 457만 원을 벌어들인다고 한다.

이 금액은 웬만한 대기업 직원의 연봉이기 때문에 일반 직장인부터 주부들까지 인플루언서를 동경하고 부러워할 수밖에 없다. 심지어 외모가 연예인처럼 예쁘거나 잘생기지 않아도 되고, 평범한 주부나 직장인들도 SNS 운영을 잘하면 큰 부수입을 벌 수 있다.

그렇기 때문에 많은 사람들이 SNS로 돈을 버는 방법에 대해 궁금해할 수밖에 없다. 비단 큰돈이 아니더라도 한 달에 단돈 10만 원만 더 벌어도 새로운 삶이 시작된다. 당신이 이 책을 읽은 후 SNS 부수입으로 10만 원을 벌게 된다면. 머지않아 월 457만 원을 벌 수 있는 재능을 가졌다고 기대해도 된다. 수익화를 이룰 수 있느냐 없느냐의 문제이지, 한 번 수익화를 경험해 보면 그 뒤로는 본인의 역량에 따라 버는 돈은 천차만별이 되는 것이다.

지금 나는 6만 명이 넘는 팔로워를 보유한 인플루언서로 활동하고 있다.

아마도 이 첫 장을 보고 있는 분들은 이 생각부터 들 것이다.

'그럼 작가님은 한 달에 SNS로 얼마나 벌까?'

나 역시도 인플루언서라 불리는 사람들을 볼 때 항상 가장 궁금했던 내용이다. 그래서 인플루언서들이 돈 버는 방법을 터득하기 위해 정말 많은 노력을 기울였다. SNS 운영과 관련된 책, 강의 등을 통해 기본 지식도 익히고 실제로 SNS 계정을 테스트해 보면서 많은 성과들을 만들어냈다.

나에게 다가오는 좋은 기회의 순간들도 잘 잡아서 지금은 SNS로 수익을 만드는 방법을 알 수 있게 되었다. 물론 나보다 훨씬 성공하고 돈을 잘 버는 인플루언서들이 더 많다. 하지만 일반 회사원이 퇴근하고 남는 시간들을 쏟아서 지금과 같은 퍼스널브랜딩과 수익화를 성공시킨 사례라는 점을 눈여겨봐야 한다.

나는 계정을 운영한 지 6개월도 안 되어서 회사원 에세이 작가로 퍼스널브랜딩을 성공시켰고, 아무런 마케팅 도움 없이 단숨에 네이버 베스트셀러까지 만들 수 있었다. 또한, 그 기회를 활용해 전자책 판매, 강의, 컨설팅 등 고차원적인 수익 가치사다리를 만들어낼 수 있었다. 뿐만 아니라 패션, 뷰티, 골프 등 다양한 카테고리의 유명 브랜드들로부터 협찬 광고를 받게 되었다.

　내가 SNS 인플루언서가 되고 나서 방법들을 거의 이해했을 무렵 한 가지 사실을 깨달았다. SNS 계정을 키우는 방법을 공부하기 위해 참조했던 유료강의의 강사들과 책의 저자들은 실제로는 인플루언서로 활동한 경험이 대부분 없었다. 나 역시 초보였기 때문에 비싼 돈을 내고 공부할 수밖에 없었는데, 결국 지금 생각해 보니 대부분 이론적인 사실들을 소개했을 뿐이었다. 실제로 SNS 인플루언서들은 자신들의 노하우를 잘 얘기해 주지 않고, 이유는 정확히 잘 모르겠지만 직접 강의를 하는 경우도 지극히 드물다. 나는 내가 경험했던 노하우를 주변에 하나씩 말해 주기 시작했다. SNS 인플루언서가 되는 방법이나 수익화 노하우를 궁금해하는 지인들이 있으면 자세하게 설명해 주었다. 그러다 보니 정말 많은 사람들이 궁금해하는 분야라는 것을 알게 되었다. 그래서 나는 좀 더 많은 사람들에게 저렴한 비용으로 노하우를 공유하고, 동기부여를 해주고 싶어서 이 책을 집필하게 되었다.

　누군가는 이 책을 보고 동기부여를 받아 나보다 더 뛰어난 인플루언서가 되거나 더 많은 돈을 벌게 될 수도 있겠다. 만약 그런 일이 생긴다면, 이 책을 지인들에게 꼭 한 번 추천해 주길 바란다.

프롤로그니까 내 이야기를 한 번 해보겠다.

나 역시 아주 평범한 회사원이었다. 2011년 12월에 첫 입사를 했다. 그 당시에도 취업 시장은 혹독했기에 회사 최종 면접 합격 소식을 들었을 때의 그 설렘은 여전히 내 마음 한 구석에 진한 감동으로 남아 있다. 이후 지금까지 한 회사에서 근무했고, 나름대로 만족스러운 연봉과 복지, 좋은 동료들과 함께 나의 20~30대 세월을 보내왔다.

긴 세월 동안 회사원으로 살아가면서 많은 일들을 겪었다. 실력이 뛰어난 동료는 일찌감치 실력을 인정받아 다른 회사들로 여러 번 이직하며 연봉을 높여갔다. 또 어떤 친구는 좋은 배우자를 만나 빨리 은퇴하고 싶다며 열심히 선을 봤고, 결국 괜찮은 조건의 배우자를 만나 지금은 아이를 낳고 잘살고 있다. 우직하고 성실한 친구는 아직도 회사에 남아 회사 임원을 꿈꾸며 하루하루 최선을 다하고 있다.

그중에서도 내가 가장 자극을 받았던 친구는 긴 시간 본인의 사업을 계획하고, 목표 시점에 퇴사해 본인의 사업을 시작한 경우였다. '회사원'이라는 업을 벗어 던지고 용기를 내어 바깥세상에 발을 디딘 최초의 시도였다. '아, 회사라는 울타리 밖에도 다른 세상이 있구나!'를 깨닫게 된 강력한 사건이었다.

학교에서는 혼자 공부해서 성적만 잘 내면 되었지만, 사회생활은 일만 잘한다고 해서 성과를 인정받기가 어렵다. 학창시절에는 오락부장도 하고, 댄스팀 활동도 했을 정도로 활발하고 끼가 많은 사람이었는데, 회사에서는 그런 '특별함'이 오히려 마이너스가 되는 일들이 많았다. 그러다 보니 점점 말수도 적어지고, 조용하게 지내며 튀지 않는 사람으로 변하려고 했던 것 같다.

조직생활에 어려움을 느끼면서 나의 감정과 멘탈 회복을 위해 찾은 취미가 바로 '랩'이었다. 그 당시에는 Mnet의 '쇼미더머니'라는 프로그램이 인기를 얻으면서 '랩'이라는 음악 장르가 매우 큰 인기를 끌고 있었다. 나는 중학생 때부터 윤미래와 타이거 JK의 랩을 노래방에서 따라 불렀던, 진짜 힙합 팬이었다. 집에서 그냥 MR을 틀어놓고 랩을 하는 것만으로도 스트레스가 풀리고 행복했다. 휴대폰으로 녹음을 해서 친구들에게 보냈는데, 한 친구가 나에게 말했다. "요즘 유튜브가 뜨고 있다는데, 유튜브에 올려봐!" 이것은 내 인생을 바꿔준 엄청난 사건이었다.

그때부터 나는 회사 밖의 세상에서 나의 재능과 끼를 분출하며 다시 성장하기 시작했다. 유튜브를 시작한 지 한 달도 안 되어서 TV 방송 출연, 가수와 함께 음원 발매, 언론 보도, 라디오 방송 출연까지 꿈만 같은 일들이 벌어졌다. 세상은 생각보다 넓었고, 혹독한 위험이 도사리고 있을 것 같았지만 그만큼 기회도 많은 땅이었다. 그때부터 나는 나 자신에 대해 강력한 믿음을 갖고 퇴근 이후와 주말의 시간을 투자해 나의 능력치를 끌어올렸다. 야생에서 스스로 기른 재능들은 날이 살아 있었고, 오히려 회사 업무의 능률까지 올려주는 나만의 엄청난 무기가 되었다.

하지만 그 당시에는 직장인이 유튜브를 하는 경우가 많지 않았고, N잡이라는 단어가 생기지도 않을 때였다. 그래서 결국 주변 사람들의 눈치를 이겨내지 못하고, 유튜브를 중단할 수밖에 없었다. 하지만 언젠가는 회사 밖 세상에서 내 무기들이 사용될 것이라는 믿음이 있었고, 꾸준히 혼자서 콘텐츠를 제작해 보면서 그 감각을 익혀왔다.

결국 시간은 흘렀고, 바야흐로 '인스타그램 인플루언서' 시대가 도래했다. 나는 뒤늦게 시작했지만 누구보다도 인스타그램을 잘 활용해 나만의 퍼스널브랜딩을 완성시켰다. SNS를 본격적으로 시작한 지 6개월도 채 안 되어 인플루언서가 되고, 수익화를 성공시킨 것은 과거에 유튜브를 운영하면서 길러온 콘텐츠 감각과 회사를 다니며 쌓아온 기획력 덕분이라고 생각한다. 결국 포기하지 않고 '뭐라도 되겠지'라는 마음으로 계속 시도하면 언젠가는 성과를 거두게 되어 있다. 이것은 나의 인생 신념이자, 내가 지칠 때 내 자신을 일으켜 세우는 주문이기도 하다.

나는 결국 직장을 다니면서 베스트셀러 에세이 작가, SNS 인플루언서, 강사, 쇼호스트, 투자자 등 다양한 직업을 갖게 되었다. 능력치를 업그레이드하기 위해 틈틈이 관련 자격증도 취득했다. 놀라운 사실은 이 모든 것을 이뤄내는 데 2년이 채 걸리지 않았다는 것이다. 인스타그램 계정 운영을 시작한 뒤로 모든 것이 연쇄작용처럼 일어난 것이다. 즉, SNS 수익화는 나에게 모든 것을 해결해 주는 열쇠인 'One Thing'이었던 것이다.

과거에 나는 별난 사람 취급을 받았지만, 최근에 N잡러가 트렌드로 떠오르면서 나에게 노하우를 묻는 사람들이 부쩍 늘었다. 이 책을 집필하게 된 이유는 내가 남들보다 조금 더 일찍 이러한 고민을 했고, 나만의 방식으로 도전해 보면서 느꼈던 가치관을 전파하고 싶었기 때문이다. 독서와 명상, 출판, 비즈니스 등 다양한 일을 통해 나를 다듬어온 시간이 자그마치 10년이 다 되어간다. 나를 단련해 왔던 이 시간 동안, 내가 가진 것들을 많은 사람에게 줄 수 있는 '기버(Giver)'가 되어야만 결국 내가 원하는 성과도 이루어낼 수 있다는 것을 깨달았다. 그래서 지금 내가 나눠줄 수 있는 지식을 책으로 펴냄으로써 최대한 많은 사람들에게 닿기 바란다. 유행이라는 것은 항상 변하기 때문에 언젠가는 이 내용도 구닥다리 정보가 될 수 있다. 그렇기 때문에 지금 이 책을 펴든 순간 바로 시작해야 한다.

그럼에도 불구하고 이 책이 오랫동안 많은 이들에게 도움이 되기 바라기에, 최대한 본질적인 이야기를 담으려고 노력했다. 사실 단순히 SNS로 돈 버는 기술에 대해 아는 것이 중요한 게 아니다. 이 책을 읽으면서 본인의 가치관과 체질을 바꾸는 게 우선되어야 한다. 나 역시도 명상, 독서, 운동 등을 통해 그 기본기를 다지는 데 10년이나 걸렸다. 인생을 바꾸는 데 이러한 시간과 노력은 필수다.

앞서 말했듯이 나에게는 이러한 친구들이 있다. 회사에서 상위 4%의 길로 들어가 임원을 꿈꾸는 친구, 가정을 잘 일구고 아이를 잘 키우는 친구, 자기의 사업을 잘 운영하고 있는 친구, 그리고 지금 나는 많은 사람들에게 이렇게 불린다.

"돈 잘 버는 직장인 인플루언서!"

당신은 앞으로 어떤 사람으로 불리고 싶은가?

제1부

SNS로
N잡러가 되기 전에

01
연봉이 높아도 N잡을 해야 할까?

나는 직장인이더라도 다양한 활동을 하면서 수익 파이
프라인을 만들어야 한다고 말하곤 하는데, 그럴 때마다
꼭 듣는 이야기가 있다.

"회사도 좋고 연봉도 높을 텐데, 왜 그렇게까지 열
심히 살아요?"

그렇다. 사실 N잡으로 수익 파이프라인을 만드는
과정은 고되고 힘들다. 한 가지만 열심히 잘해 내기도
쉽지 않은데, 다양한 일을 잘해야 하는 것이 얼마나 어
려운 일이겠는가? 쉬는 시간, 취미활동, 친구들과 만나
는 시간까지 모두 최소화해야만 시도해 볼 수 있는 여
력이 생긴다. 그런데도 나는 여전히 재테크 공부, 새로

운 수익화 모델을 발견하는 데 남는 시간을 모두 사용하고 있다. 누구보다 게을렀던 내가 왜 이렇게 사는 것일까?

얼마 전 신문 기사를 보고 많은 사람들이 충격을 받았다. 우리나라에서 가장 연봉이 높기로 유명한 '삼성, 현대차' 직원들도 투잡을 뛴다는 기사였다. 그 기사에는 플랫폼에서 상담료를 받거나 무인으로 운영되는 가게를 운영하면서 부수입을 벌고 있는 직장인들의 N 잡에 관한 내용이 담겨 있었다. 수입이 적은 사람만 부업을 하는 것이 아니다. 이제는 고액 연봉자들 역시 부업을 하고 있다.

현재 N잡러는 55만 명 이상으로 집계되었는데, 직장인 10명 중 4명이 N잡러라고 한다. 내 주변의 많은 사람들이 N잡으로 수익을 만들고 있다고 생각하면 된다. '내 주변에 N잡러가 별로 없던데?'라고 생각할 수 있지만, 사람들은 자신의 수익을 숨기는 경우가 훨씬 더 많다. 즉, 나만 그 사실을 모르고 있을 확률이 높은 것이다. 이러한 이야기를 들려주면 대부분의 사람들은 등골이 오싹하고, 본인만 도태되고 있는 것 같아서 불안해한다.

왜 이렇게 되었을까? 과거에는 회사만 열심히 잘 다녀도 집도 사고, 은퇴 후에 노후까지 보장되는 삶을 살 수 있었다. 하지만 안타깝게도 지금은 고물가, 고금리에 집값도 많이 올라서 청년들이 결혼과 출산까지 포기해야 하는 힘든 시대를 살아가고 있다. 임금 인상의 속도가 인플레이션을 따라잡기 급급한 어려운 시대에 살고 있는 것이다. 이제 평범한 사람들에게 N잡이 필수가 되어버렸으니, 씁쓸한 현실을 느낀다.

『10배의 법칙』이라는 책을 쓴 그랜트 카돈은 3조 원 수준의 자산을 보유한 억만장자이다. 그는 "첫 번째 주 수입원을 안정시키고, 두 번째 수입원이 생겼다고 해서 첫 번째 수입원을 그만두지 말라"고 이야기한다. 즉, 군이 돈을 벌고 있는 파이프라인을 일부러 끊을 필요가 없다는 것이다. 나 역시 다른 사람들과 마찬가지로 경제적 자유를 이루는 것을 인생의 1차 목표로 삼았다. 나에게 흘러들어오는 모든 수입 파이프라인을 유지하기 위해 최선을 다했다. 그중에서도 나의 주 수입원은 월급이기 때문에 회사 생활에도 최선을 다했고, 나머지 남는 시간에 내가 할 수 있는 것들에 집중했다.

냉정하게 말해서 연봉을 높이는 것은 생각보다 쉽

지 않다. 1년 동안 다른 경쟁자들보다 많은 성과를 내야만 하고, 상사 및 동료들과 좋은 관계를 유지해야 한다. 한 달에 월급을 50만 원 더 받으려면 내 몸과 시간을 수년 동안 더 많이 투자해야 한다. 그렇게 최선을 다해도 다양한 이유로 승진에서 밀리면, 물가상승률 정도의 연봉 인상만 기대해야 하는 것이다. 상황이 여의찮으면 그마저도 힘들 수 있다. 그러다 보면 회사에 대한 불만이 커지고, 삶을 살아가는 에너지가 계속해서 고갈될 수 있다. 차라리 외부에서 그러한 감정들을 해소하고 희망의 에너지를 얻으면 훨씬 더 좋은 성과를 낼 수 있고 행복한 삶을 살 수 있다는 것을 어느 순간 깨달았다.

몇 년 전, 내가 처음으로 은행에서 1억 원 이상 대출을 받고서 한 달에 50만 원이 넘는 현금을 이자로 내며 심리적 부담을 느낀 적이 있다. 월급에서 큰돈이 매달 빠져나가니 생활 수준은 이전보다 나빠졌고, 스트레스가 늘어났다. 생활비를 최소화하고, 친구들을 만나는 횟수도 줄였다. 그러다가 '아, 어디서 딱 이자만큼만 더 벌었으면 좋겠다'라는 생각이 들었다. 그때부터 나는 수익 파이프라인을 구축하는 것에 관심을 두게 되었고, SNS 수익화, 책 출판, 쇼핑몰, 강의 등 직장인들이 관심을 두고 있는 대부분의 N잡을 경험했다. 돈을 모으고 불리기 위해 가장 먼저 해야 하는 일은 수입의 크기를 늘리는 것이다. 어떤 방법이든 본인이 할 수 있는 분야에서 최선을 다해 수입을 늘리고 지출을 줄이는 것에서부터 경제적 독립이 가능해진다.

프리랜서로 활동하는 지인들은 회사 생활을 '안정적'이라고 표현한다. 매월 꼬박꼬박 월급이 들어오는 직장인을 안정적이라고 본다면 그것은 '일시적으로는' 맞다. 하지만 경기가 어렵고, 회사가 어려워지면 결국 내가 원하지 않을 때 갑작스럽게 퇴사를 당할 수 있다. 그러므로 N잡을 통해 수입을 늘리는 것도 중요하지만, 본업의 경력을 쌓아가는 것이 더 중요하다는 것을 명심해야 한다. 즉, 현재의 명함이 수명을 다했을 때를 대비하는 수단으로 N잡을 바라봐야 한다는 것이다.

02
고정형 N잡 VS 확장형 N잡

얼마 전, 지인이 나에게 하소연을 한 적이 있다.

"내 오래된 친구가 몇 년 동안 블로그를 하면서 가전제품들을 협찬받고 있었대. 나는 친구가 블로그를 하는지도 몰랐는데 말이야! 나도 지금이라도 시작해야 할까?"

그렇다. 이게 바로 현실이다. 같이 밥 먹고 떠들며 함께 시간을 보냈지만, 누군가는 집에서 자기만의 방식으로 수익 파이프라인을 만들고 있다. 그 사람이 바로 당신 옆에 있는 친구일 수도 있다. 자, 이제 당신이 왜 N잡을 시작해야 하는지 그 이유를 알겠는가?

2024년 4월 기준으로 N잡러는 55만 명을 넘어섰

다. 1개 이상의 부업을 하는 'N잡러'들이 최근 청년층과 40대를 중심으로 빠르게 늘고 있다. 직장인 10명 중 4명 이상이 N잡을 하고 있다는데, 가장 큰 이유는 '추가 수입으로 여유 자금을 마련하기 위해서'이다. 조금 과장을 보태자면, '나 빼고 다 N잡러다'라고 생각하면 된다. 그렇다면 처음으로 N잡을 하려는 사람들은 어떤 일을 하면 좋을까?

우선 N잡을 통해 추가적인 수입을 벌겠다는 목표는 모두 같을 것이다. 하지만 단순한 용돈벌이를 하겠다는 생각으로 N잡에 접근해서는 안 된다. 우리는 한정된 시간과 자원으로 N잡을 해야 하기 때문에 가장 효율적인 방법을 찾아야 한다. 내가 다양한 N잡을 하면서 느꼈던 점은, N잡을 통해 커리어와 수익을 모두 잡을 수 있도록 관점부터 바꿔야 한다는 것이었다. 이 내용을 이해하는 사람과 이해하지 못하는 사람은 결국 결과에서 큰 차이가 발생한다. 나는 N잡의 유형을 '고정형과 확장형' 2가지로 분류한다. 결론적으로 제2의 커리어를 쌓고, 본인의 무기를 만들어가기 위해서는 '확장형 N잡'을 추천한다. 아래 내용을 읽어보고 본인이 어떤 부업을 고민하거나 해왔는지를 한 번 떠올려보자.

그리고 앞으로는 어떤 방향으로 N잡을 시작하면 좋을 지를 모색해 보는 시간을 가져보자.

1. 고정형 N잡(Fixed N Job)

고정형 N잡은 노동과 수익이 1:1로 발생한다. 즉, 내가 일을 해야만 돈을 벌 수 있는 시스템이다. 배달, 배송, 대리운전, 커피숍 아르바이트, 앱테크 등이 고정형 N잡에 속한다. 내가 몸이 아파서 그 일을 하지 못하면 수익을 더 이상 벌어들일 수 없다. 대부분 단순 업무이기 때문에 업무를 대체할 수 있는 인력이 많고, 그 일을 계속해도 중요한 커리어가 쌓이지 않는다. 고정형 N잡은 대부분 오프라인에서 일해야 하므로 직장인이 부업으로 하기에도 쉽지 않다. 체력적이나 시간적으로도 부담이 크기 때문이다.

다만, 목적이 분명한 경우는 예외로 볼 수 있다. 만약 본인이 퇴사 후 치킨집을 차리고 싶다면 주말에 치킨집에 가서 단순 아르바이트라도 하는 것이 좋다. 이것은 용돈벌이를 위한 N잡이 아니라 학습을 위한 행위를 하는 것이다. 또는 운동을 위해 산책 겸 도보로

배달을 시작하는 것도 좋다. 헬스장에 가는 비용을 줄이고, 걷는 시간 동안 돈을 벌겠다는 목표를 세웠기 때문이다.

2. 확장형 N잡(Extended N Job)

확장형 N잡은 노동과 수익이 1:N으로 발생한다. 고정형 N잡과는 달리 내가 일을 하지 않아도 어느 순간 자동으로 돈이 벌리고, 가치가 꾸준히 상승하는 일이다. SNS 퍼스널브랜딩 및 수익화, 온라인 쇼핑몰, 유튜브, 콘텐츠 자산(책, 이모티콘 등) 판매가 이에 속한다. 이러한 일들은 계속해서 이 일을 했을 때 꾸준히 실력과 커리어가 쌓이고, 그 가치가 상승할 수 있다. 주로 온라인에서 일할 수 있으므로 직장인이 부업으로 하기에 부담도 적다.

다만, 확장형 N잡의 경우 고정형 N잡에 비해 돈을 버는 속도가 늦어질 수 있다. 본격적으로 돈을 벌어들이는 시점까지 기다림의 시간이 필요하기 때문이다. 성과를 거두는 시기까지 인내하고 버텨야 한다. 예를 들어, 자신의 인스타그램을 수익화하고 싶다면 자신의 계정에 콘텐츠를 쌓아두는 시간이 필요하다. 만약 책을 판매하고 싶다면 글을 써서 책을 펴내기까지 인고의 시간이 필요하다. 이러한 확장형 N잡은 인내심이 부족하면 해내기 어렵다는 장애가 존재한다. 하지만 그 과정을 버텨내고 결과를 만들면, 금전적인 이득 외에도 매우 가치 있는 것들을 얻을 수 있다. 본인의 글쓰기 능력, 영상 편집 기술, 판매 능력 등과 같은 것들이 덩달아 향상되니 말이다. 이러한 성과는 당신의 현재 명함이 더 이상 통하지 않게 될 때 가장 든든한 힘이 되어줄 것이다. 이러한 이유로 나는 여러분에게 확장형 N잡을 강력하게 추천한다.

03
왜 SNS로 N잡을 해야 할까?

직장인들에게 가장 인기 있는 N잡은 단연 '디지털 노마드'이다. 디지털 노마드(Digital nomad)는 디지털(Digital)과 유목민(Nomad)을 합성한 신조어로, 노트북과 스마트폰 등을 이용해 자유롭게 생활하는 사람들을 의미한다.

디지털 노마드의 가장 큰 장점은 공간에 제약을 받지 않기 때문에 언제 어디서든 일을 하고 수익을 벌 수 있다는 것이다. 앞서 설명한 확장형 N잡은 디지털 노마드와 관련된 것이기도 하다. 나 역시도 회사에 다니면서 할 수 있는 N잡 중 가장 합리적이고 효율적인 일로 '디지털 노마드'를 꼽는다. 직장인이 아닌 주부들도 시간이 있을 때마다 휴대폰으로 추가적인 수입을 얻고 무료로 제품 협찬을 받을 수 있어서 가장 선호하는 일이기도 하다.

N잡의 종류는 다양하지만 나는 SNS 수익화는 기본적으로 이루어야 한다고 생각한다. 그것이 바로 이 책을 집필하게 된 계기이기도 하다. 내가 N잡 중에서도 SNS 수익화를 강력하게 추천하는 이유는 두 가지가 있다.

첫째, 우리는 SNS에 많은 시간을 소비하기 때문이다. 최근에 숏폼이 유행하면서 유튜브 쇼츠와 인스타그램 릴스를 아무 생각 없이 몇 시간 동안 시청한 경험들이 있을 것이다. 최근 유행하는 영상들을 친구들에게 공유하고, 좋은 콘텐츠들을 저장해 두면서 많은 정보와 즐거움을 얻고 있다. 그만큼 시간을 많이 소비하고 있다는 것은 우리가 그것에 '익숙해졌다'는 것을 의미한다. SNS 콘텐츠들을 자주 접하면서 자신도 알게 모르게 빠지게 된 것이다. 맛집을 취미로 찾아다니는 사람은 음식에 대한 관심과 애정이 있어서, 그렇지 않은 사람보다 미식가일 확률이 높다. 당신이 시작할 수 있는 다양한 N잡 중에서 가장 쉽게 시작해 볼 수 있는 것이

SNS라는 것이다.

지금까지는 '소비자'의 관점에서만 SNS를 사용했다면, 본격적으로 콘텐츠를 생산하는 '생산자'의 관점으로 바꿔보자. 결국 소비자에게 무엇이 매력적인지를 생각해 보고 콘텐츠를 생산하고 판매하면, 돈이 되는 콘텐츠를 만들 수 있을 것이다.

둘째, SNS로 퍼스널브랜딩을 할 수 있다. '나는 유명해지고 싶지 않은데요?'라고 생각할 수 있지만, 지금 우리는 이력서에 자신의 SNS 주소를 입력하는 시대에 살고 있다. 과거에는 본인의 이력서와 성과 포트폴리오를 관리하는 것이 중요했다. 하지만 지금은 어떠한가? "저는 구독자 100만 명을 보유하고 있는 유튜버입니다"라는 말 한마디로 그 존재를 충분히 증명할 수 있다.

만약 패션회사 마케팅 부서에 입사지원서를 낸다고 생각해 보자. 이미 SNS에서 패션 인플루언서로 활동하고 있다는 사실을 인사 담당자에게 어필할 수 있다면 어떨까? 아마도 그 누구와 비교할 수 없는 압도적인 경쟁력을 가질 수 있을 것이다. 비단 회사 입사나 이직에 국한된 이야기가 아니다. 본인이 유명해지고, 세상이라는 무대에 등장하게 되면 계속해서 좋은 기회를 얻을 수 있다. 그늘 속의 해시계는 의미가 없다. 자신의 능력을 발휘하기 위해서는 일단 세상에 자신의 존재를 드러내야 한다. 우리는 기회를 잡기 위해 SNS를 적극적으로 활용해야 한다.

맨체스터 유나이티드의 퍼거슨 전 감독은 "SNS는 인생의 낭비다"라는 말을 남겼다. 하지만 이 말은 누군가에게는 맞고, 누군가에게는 틀리다. 아무 생각 없이 콘텐츠 소비만 하다가 잠드는 사람들에게는 시간 낭비를 하고 있는 것이 맞을 것이다. 하지만 철저한 전략으로 SNS를 수익화하고 본인의 퍼스널브랜딩으로 '활용'하는 사람들에게는 틀린 이야기다. 당신은 앞으로 SNS를 소비할 것인가, 활용할 것인가?

04
SNS로 얼마나 벌 수 있을까?

SNS를 수익화하면 도대체 얼마나 벌 수 있을까? 많은 사람들이 가장 궁금해하는 내용일 것이다.

　인플루언서 분석업체 하이프오디터에 따르면 1만~5만 명 사이의 팔로워를 가진 인플루언서의 평균 월 수익은 268만 원 정도이다. 물론 이것은 추측된 평균 금액이고, 사람마다 버는 금액은 천차만별일 것이다. 다만, 내가 이제까지 경험해 본 다양한 N잡 중에서 SNS 운영은 가장 단기간에 많은 수입을 벌 수 있고, 다양한 기회로 확장할 수 있는 최고의 일이라서 추천하고 싶다. 이것이 바로 내가 이 책을 집필하게 된 이유이다. 그렇다면 일반 직장인이었던 나는 어떻게 SNS 인플루언서가 될 수 있었을까?

2022년 여름, 나는 한 해외 골프여행 회사에서 모집한 홍보모델 서포터즈에 지원했다가 합격을 했다. 그렇게 아주 우연한 기회로 골프 인플루언서들과 함께 일주일 동안 해외로 골프여행을 갈 수 있었다. 그 당시 나는 인플루언서라는 직업은 들어보긴 했지만 나와는 다른 세상 사람들이라고 생각했기 때문에 크게 관심을 두지 않고 있었다.

그런데 일주일 내내 같이 붙어 있으면서, 이 친구들이 정말 정성스럽게 사진을 촬영하고, 이동하는 내내 하루 종일 휴대폰을 붙들고 인스타그램을 하는 것을 지켜보게 되었다. 처음에는 해외여행 온 것이 즐거워서 사진을 찍는다고 생각했는데, 자세히 보니 옷, 가방, 수영복, 골프용품 등 착용하고 있는 모든 제품들을 광고모델처럼 촬영하고 있는 것이었다. 문득 궁금증이 생겨서 "왜 이렇게 사진을 열심히 찍어요?"라고 질문했는데, 한 인플루언서의 대답을 듣고 머리를 한 대 얻어맞은 기분이었다.

"당연하죠. 이게 다 돈이니까요."

그랬다. 이 인플루언서들은 인스타그램에 올리는

피드에 대해 광고비를 받고 있었던 것이다. 착용하고 있는 모든 제품들도 협찬으로 제공받은 것이었고, 심지어 사진 한 장당 수십만 원의 돈을 받고 있었다. 나와 함께 해외에 있던 그 순간에도 이동하는 차 안에서, 호텔에서 쉬면서도 게시물을 10개 이상 업데이트했는데, 단순히 계산해도 내 한 달 월급을 순식간에 벌고 있었다. 나는 지금까지 인스타그램을 취미로만 했는데, 누군가는 돈을 벌고 있다는 충격적인 사실을 깨달았다. 나는 이 일을 계기로 한국에 돌아오자마자 내 SNS를 수익화하고 퍼스널브랜딩할 수 있는 전략을 기획하게 되었다. 인플루언서들이 주로 사용하는 아이폰부터 바로 구입했고, 촬영 및 보정 기법을 익혔으며, 이들의 콘텐츠를 분석했다. 짧은 시간 동안 폭발적인 노력을 통해 결국 나는 SNS로 돈을 버는 인플루언서가 될 수 있었다.

나를 아는 많은 사람들로부터 "인플루언서는 얼마나 벌어요?"라는 질문을 받았다. 인스타그램의 인플루언서는 사람들에게 영향을 미치는 영향력에 따라 광고 단가가 책정되는데, 그 영향력의 가장 기초가 되는 것이 바로 '팔로워 수'이다. 팔로워의 수가 돈과 직결되기 때문에 많은 사람들이 SNS 계정의 팔로워 수를 늘리기 위해 노력하는 것이다. 인플루언서들 사이에서도 몇 명의 팔로워를 보유하고 있느냐에 따라 자연스럽게 계급사회가 형성된다. SNS 통계 사이트 녹스 인플루언서에 따르면 2023년 기준 국내에 팔로워 1만 명 이상인 인스타그램 인플루언서가 9만 명 이상이고, 100만 명 이상도 460명이 넘는다. 한 신문기사는 인플루언서들이 광고와 상품 판매로 수익을 올리는 SNS 마켓의 시장 규모는 약 20조 원대로 추산된다고 보도했다. 인스타그램은 여전히 가장 영향력 높은 SNS이고, 자연스럽게 광고주들도 광고비를 많이 투자하고 있기 때문에 조금만 노력하면 돈을 벌 수 있는 시장이다. 평균적으로 인플루언서의 팔로워 수에 따른 광고 단가 및 수입은 다음과 같다. 이것은 인플루언서 분석 업체에서 발표한 내용인데, SNS 계정의 영향력과 상황에 따라 실제 금액은 상이할 수 있으므로 참고만 하자.

평균적인 인스타그램 광고 단가

1) 마이크로 인플루언서(1천~1만 명)

   −콘텐츠당 1만~10만 원대

2) 미드레벨 인플루언서(1만~10만 명)

  −콘텐츠당 10만~50만 원대

3) 매크로 인플루언서(10만~100만 명)

  −콘텐츠당 50만~500만 원대

4) 메가 인플루언서(100만 명 이상)

  −콘텐츠당 500만 원대 이상

인스타그램 인플루언서 수입

1) 팔로워 1천~1만 명

  월 평균 185만 원

2) 팔로워 1만~5만 명

  월 평균 268만 원

3) 팔로워 5만~50만 명

  월 평균 457만 원

최근에는 팔로워가 1만 명 미만인 인플루언서 중에서도 콘텐츠 운영을 잘하거나 공동구매로 상품을 잘 판매하는 경우에 많은 돈을 벌기도 한다. 즉, 팔로워 수가 중요하기는 하지만 팔로워가 적더라도 본인 역량에 따라 많은 돈을 벌 수 있다는 것이다.

비단 유료 광고가 아니더라도 상품이나 서비스를 제공받는 협찬의 기회도 많다. 고가의 제품을 무료로 받는 경우 본인이 사용할 수도 있지만 중고거래를 통해 되팔아 수익을 얻는 경우도 있다. 상품을 제공받아서 사진 촬영만 하고, 상품을 판매하여 현금 수익을 만드는 것이다. 예를 들어, 내가 협찬으로 받았던 신제품 골프화의 가격이 약 70만 원이었는데, 이 제품을 50만 원에 중고거래로 판매하여 수익화한 경험이 있었다. 고가의 제품을 협찬받으면 이렇게 현금으로 수익화할 수 있는 기회들이 많아진다.

SNS 광고 및 협찬 수익이 아니더라도 고가의 서비스를 무료로 받게 되면 지출하는 돈을 최소화할 수 있게 된다. 예를 들어, 미용실, 피부관리, 마사지, 네일아트 등은 여자들이 꼭 찾게 되는 서비스이다. 나도 긴 생머리를 유지하기 위해 미용실에 쓰는 돈이 한 달에 30만 원 이상 소모된다. 그리고 컴퓨터를 오래 사용하다 보니 온몸이 아파서 마사지도 한 달에 최소 2번은 받아야 하고, 가끔씩 피부 관리도 받아야 어느 정도 외모 유지가 됐다. 이 금액만 대충 계산해도 한 달에 50만 원은 넘는다. 직장인 월급으로 매달 이렇게 지출하게 되면 도저히 돈을 모을 수가 없다. 그런데 내가 본격적으로 SNS를 수익화한 이후부터는 이러한 모든 서비스들을 무료로 받을 수 있게 되었다. 자연스럽게 지출하는 금액이 줄어들었고, 서비스를 무상으로 제공받아서 아낀 금액은 모두 저축을 했다. 이 비용을 통장에 따로 모아보았는데, 1년 동안 1천만 원 이상의 금액이 쌓여 있어서 깜짝 놀랐다.

신기하게도 내 생활수준은 높아졌는데, 지출은 최소화되어 저축하는 금액이 커졌다. 누군가 내 SNS를 보면 엄청 돈을 많이 쓰고 다니는 것처럼 보일 수 있지만, 실제로는 돈을 안 쓰거나 오히려 벌고 있는 것이다. 그래서 인플루언서들 사이에서는 "인플루언서가 정말 최고의 직업이다"라는 말을 자주 한다. 어딜 가도 연예인처럼 대접받고, 돈까지 벌 수 있기 때문이다. 그렇게 내 자산은 조금씩 불어나기 시작했고, 내 삶의 질도 매우 높아졌다.

나는 SNS 인플루언서 활동을 하면서 수익화한 지 2년 가까이 되었다. 3년 동안 이자만 갚고 있던 억 단위의 은행대출도 드디어 갚았고, 작가, 골프 인플루언서 등으로 퍼스널브랜딩에 성공했다. 그리고 이 기회를 발판삼아 방송 출연, 잡지 촬영, 쇼호스트, 강연과 컨설팅의 기회까지 만들어낼 수 있었다. 또한, 이 과정을 통해 콘텐츠 제작, 마케팅, 영업 등 다양한 노하우를 쌓을 수 있었는데, 나는 이것이 부수입보다 훨씬 더 큰 수확이라고 생각한다. 이렇게 쌓인 노하우들은 내가 회사생활을 하면서 배워온 업무 노하우와 시너지를 일으키며 나의 역량을 폭발적으로 키울 수 있는 계기가 되었다.

물론 나보다 훨씬 더 많은 돈을 버는 인플루언서들도 있다. 하지만 인플루언서가 본업이 아니라 일반 직장인이었던 내가 이 정도의 성과를 낼 수 있었다는 것에 진심으로 감사한다. 내가 아주 우연한 기회로 SNS 인플루언서가 될 수 있었던 것처럼, 지금 이 책을 보고 있는 당신에게 터닝포인트가 되는 행운의 기회가 되었으면 좋겠다.

05
나에게 맞는 SNS는 무엇일까?

우리는 각자 성향과 취향이 다르기 때문에 선호하는 SNS가 다를 수 있다.

누군가는 "블로그는 글을 많이 써야 해서 부지런해야 할 수 있겠더라고요"라고 말한다. 또 다른 누군가는 "저는 사진 찍는 게 귀찮은데 인스타그램은 저랑 안 맞더라고요"라고 말한다.

N잡러가 되는 것은 생각보다 쉽지 않다. 친구들도 자주 못 만나고, 늦잠 자는 시간도 줄여야만 한다. 부지런한 사람은 원래부터 부지런했을까? 본인만의 강한 의지와 목표가 있기 때문에 모든 것을 견뎌내고 부지런해진 것뿐이다. 나는 여러분의 삶이 이 글을 읽기 전과

후로 나뉘었으면 좋겠다. 이제부터는 SNS로 수익화를 이루는 N잡러로 거듭나시기 바란다! 그러기 위해서는 본인만의 목표와 꾸준함은 필수로 갖춰야 할 것이다.

'꾸준함'은 나에게도 정말 어려운 것이다. 무엇인가를 꾸준히 해내기 위해서는 그것에 최소한의 관심과 재능이 있어야 한다. 그렇기 때문에 여러분이 SNS로 수익화를 이루는 것을 목표로 삼을 때 가장 먼저 생각해 봐야 하는 것이 있다. 바로 '내가 한 달 이상 지속적으로 만들 수 있는 콘텐츠는 무엇인가?'이다. SNS의 속성은 크게 텍스트 기반, 이미지 기반, 동영상 기반 총 3가지로 구분된다. 본인이 어떤 속성의 콘텐츠를 한 달 동안 꾸준히 만들어낼 수 있는지를 고민해 보고 가장 자신 있는 플랫폼을 선택하면 된다. 사실 SNS와 콘텐츠의 본질은 같아서 하나의 메인 SNS를 잘 만들어두면 다른 플랫폼으로 확장하는 것은 쉽다. 이것을 우리는 원소스 멀티유즈(One Source Multi Use)라고 부른다. 다음의 내용을 읽어보고, 자신이 어떤 SNS에 더 적합하고 오랫동안 할 수 있을지를 고민해 보는 시간을 가져보자.

1. 텍스트 기반

텍스트로 콘텐츠를 생산하는 SNS로 네이버 블로그, 트위터, 브런치, 티스토리, 스레드 등이 있다. 본인이 글쓰기를 좋아하고, 누군가에게 자세하게 설명하는 것을 좋아한다면 텍스트 기반의 콘텐츠가 편하게 느껴질 것이다.

여전히 한국에서는 네이버 블로그의 파워가 가장 강하고, 사용하기도 쉽다. 텍스트 기반의 SNS를 시작한다면 네이버 블로그를 1순위로 추천한다. 만약 작가가 되고 싶다면 브런치 플랫폼을 서브로 함께 운영하는 것도 좋다.

2. 이미지 기반

이미지와 짧은 영상을 콘텐츠로 생산하는 SNS로 인스타그램, 페이스북, 네이버 밴드 등이 이에 속한다. 최근 한국에서 인스타그램이 유튜브를 제치고 1위를 할 정도로 한국인이 가장 많이 사용하고 있는 SNS는 인스타그램이다. 인플루언서 협찬광고가 매우 활발한 플랫폼으로 인스타그램은 필수로 키우는 것을 추천한다.

사진을 감성적으로 잘 찍고, 짧은 영상을 센스 있게 잘 만들 수 있다면 이미지 기반의 SNS가 편하게 느껴질 것이다. 특히 긴 글보다는 짧은 글을 잘 요약해서 쓰는 사람들에게 추천한다.

3. 동영상 기반

동영상을 콘텐츠로 생산하는 SNS로 유튜브와 틱톡이 대표적이다. 영상 콘텐츠의 경우 콘텐츠 기획 및 촬영, 편집 과정의 난이도가 높기 때문에 초보자들에게 어렵게 느껴질 수도 있다. 초보자라면 블로그나 인스타그램부터 시작하면서 SNS와 콘텐츠의 본질을 이해하고 동영상 기반으로 이동하는 것을 추천한다.

위 내용을 읽고도 자신이 무엇을 잘할 수 있는지 모르겠는가? 그렇다면 일단 시작해 보면 된다. 아무것도 하지 않으면 아무 일도 일어나지 않을 테니까.

제 2 부

SNS 수익화,
어렵지 않아요

06
SNS 수익화 계정을 기획해 볼까?

지금까지 여러분은 SNS를 어떻게 사용하고 있었는가? 아마도 취미로 개인 계정을 운영하거나, 다른 사람들의 콘텐츠를 소비하는 소비자였을 확률이 높을 것이다.

취미로 계정을 운영하는 사람들은 단순히 본인의 일상을 기록하고, 지인들과 소통하기 위해 하기 때문에 계정을 관리하는 데 큰 고민을 하지 않는다. 이처럼 취미로 운영하는 계정은 '취미'에만 그치기 때문에 수익화를 기대해서는 안 된다.

그렇다면 SNS로 돈을 벌어들이려면 어떻게 해야 할까? 철저한 전략과 기획이 필요하다. 계정에 명확한 콘셉트와 목적이 있어야 하고, 사람들이 내 계정에 지속적으로 방문하고 콘텐츠를 소비하도록 만들어줘야한다. 내가 IT 플랫폼 회사에서 근무하면서 느낀 점은 우선 사람들의 트래픽이 있어야 수익을 만들 수 있다는 점이었다. 회사에서 가장 신경 써서 보는 지표가 바로 '트래픽'이고, 트래픽을 높이기 위해 온갖 수단을 동원한다. 쉽게 말하자면, 당신의 SNS 계정에 많은 사람들을 불러 모을 수 있어야 돈을 벌 수 있다는 것이다.

'기획'이란 목적을 성취하는 데에 가장 적합한 행동을 설계하는 것을 의미한다. 그래서 SNS 수익화라는 목표를 세웠다면, 기획을 통한 체계적인 준비가 필요하다. 설계도가 있어야 건물을 잘 지을 수 있고, 지도가 있어야 그 길을 찾아갈 수 있는 것과 같은 이치다.

다음은 내가 SNS 계정을 수익화했던 방법을 단계별로 정리한 것이다. 본인의 상황과 단계에 맞게 하나씩 적용해 보면서 결과를 만들어보자. 포기하지 않고 하나씩 해내다 보면, 어디에서 문제가 해결되지 않는지 빠르게 알아낼 수 있다.

■ SNS 수익화 계정 기획 및 운영 단계

1. 자아분석

자신의 장단점과 성향을 파악한다. 자신을 잘 알고 콘텐츠를 시작해야 중간에 포기하지 않고 꾸준히 할 수 있다.

2. 경쟁자 분석

비슷한 주제로 SNS 계정을 운영 중인 경쟁자를 분석하고 벤치마킹할 수 있는 포인트를 찾는다. 단, 단순히 베껴서는 안 된다.

3. SNS 계정 콘셉트 정의

자신이 운영하고 싶은 SNS 계정의 콘셉트를 정의한다. 콘셉트를 명확히 정해야 중간 과정에서 흔들리지 않을 수 있다.

4. 수익화 퍼널 기획

타깃을 SNS 계정으로 유입시키고 수익화로 연결해내는 과정을 단계별로 설계하고 실행하는 것이다. SNS 수익화에서 가장 중요한 고급 단계이기도 하다.

5. 프로필 세팅

SNS 콘셉트와 수익화 퍼널 전략에 맞게 SNS 프로필을 세팅한다. 자신의 계정이 명확하게 어떤 채널인지 드러낼 수 있어야 한다.

6. 콘텐츠 업로드

자신의 SNS 콘셉트에 맞는 콘텐츠를 업로드한다. 사람들에게 보이고 싶은 자신의 페르소나와 채널 포지셔닝에 적합한지 일관성이 중요하다.

07
'나'를 알고 시작해야 꾸준히 할 수 있다

어느 날, 한 수강생에게 이런 하소연을 들은 적이 있다.

"화장품 후기 체험단 이벤트에 당첨되어서 상품은 받았는데 SNS에 올리는 게 너무 귀찮더라고요. 그 뒤로 SNS가 저랑 잘 안 맞는 것 같아서 금방 접었어요"

나는 그 수강생에게 이렇게 얘기했다.

"혹시 화장품을 좋아하셔서 이벤트에 참여하셨나요? 뷰티 카테고리에 관심이 없으세요?"

그 수강생은 화장품에 관심이 없지만 그냥 상품을 제공해 주는 무료 이벤트였기 때문에 참여했을 뿐이라고 답변했다. 자신이 좋아하거나 관심 있는 상품이 아니기 때문에 당연히 후기를 남기는 것도 귀찮을 수밖에 없다.

SNS로 수익화를 이루기 위해 왜 '나'에 대해 분석해야 할까? 그것은 바로 '지속성' 때문이다. 우리는 다른 사람의 삶에는 꽤 관심이 많지만, 정작 본인을 들여다보지 못한다. 지인이 어떤 옷을 사고 어떤 차를 타는지는 잘 찾아보면서, 자신이 어떤 것에 행복해하는지, 어떤 일을 잘하고 좋아하는지에 대해 고민하는 물리적인 시간은 매우 부족하다. 나도 나를 잘 모르는데, 누가 나를 알 수 있겠는가?

기업이 효과적인 경영전략을 수립하기 위해 가장 먼저 하는 일은 바로 '자사 분석'이다. SWOT은 가장 유명한 분석 방법으로, 기업의 강점(strength), 약점(weakness), 기회(opportunity), 위기(threat)를 확인하고 향후 전략을 수립한다. 우리도 이 SWOT 분석 기법을 잘 활용하면, 최적의 판단을 하는 데 큰 도움을 얻을 수 있다. 못하는 것을 보완하는 것보다는 자신이 좋아하고 경쟁력이 있는 분야를 강화하는 것이 더 효과적이다.

우선 자신에 대해 분석할 때는 종이에 차근차근 적어 보는 것을 추천한다. 자신의 장점, 단점, 목표, 관심 분야 등을 빼곡히 다 적어보고, 그 과정에서 자신이 무엇을 좋아하는지 찾아내야 한다. 좋아하는 것을 시작해야 오랫동안 할 수 있기 때문이다. 만약 옷을 좋아하고 코디하는 것에 관심이 많다면 패션 콘텐츠 SNS 운영을 꾸준히 해낼 확률이 높다. 맛집 리스트를 다 꿰고 있을 정도의 미식가라면 음식 관련 콘텐츠를 선택하면 만족도가 높고 오랫동안 콘텐츠를 생산할 수 있을 것이다. 나는 자기계발과 관련된 책, 영상 등을 보고 동기부여하는 것을 좋아했고, 10년 가까이 이런 콘텐츠를 보면서 영향을 받으며 성장했다. 그러므로 자기계발, 동기부여와 관련된 콘텐츠를 제작한다면 오랫동안 지속할 수 있고, 좋은 강의도 꾸준히 만들어낼 자신이 있었다. 이런 분석 과정을 통해 최근에 내 SNS를 자기계발 콘텐츠로 바꿔가고 있다.

　또한 자신이 남들보다 잘할 수 있는 강점이 무엇인지 파악하는 것도 중요하다. 잘하는 것을 해야 경쟁력을 높일 수 있기 때문이다. 예를 들어, 광고에 대한 이해도가 높아 짧은 영상 편집을 잘한다면 인스타그램 계정을 '릴스' 위주로 기획할 수 있다. 만약 부동산 업계에서 일하면서 많은 부동산 지식을 갖고 있다면, SNS에서 부동산 지식을 쉽게 전달하는 콘셉트로 콘텐츠를 운영할 수 있다. 그러나 대부분의 사람들은 자신이 무엇을 잘하는지 모르겠다고 말한다. 그렇다면 자신이 무엇을 잘하는지 어떻게 알 수 있을까? '남들은 어렵다고 하는데 나에게는 별것 아닌 것'이라고 생각한다면, 그것이 바로 잘하는 것이다. 즉, 다른 사람들은 오랜 시간과 에너지를 투입해야 하지만 자신은 큰 노력을 들이지 않고도 쉽게 해낼 수 있는 일이, 자신이 잘하는 일이다. 누군가에게는 그것이 '요리'일 수도 있고, '글쓰기'일 수도 있다. 사람마다 각자 성향과 환경에 따라 가진 재능이 모두 다르기 때문에 다양한 경험을 통해 본인이 무엇에 강점을 가지고 있는지 파악해 두는 것이 중요하다. 나는 이것을 '필살기'라고도 부른다. 자기만의 날카로운 필살기가 있어야 세상을 살아갈 수 있다.

수영 선수가 유도 선수를 이길 수 있는 방법은 무엇일까? 바로 수영장에서 수영으로 대결하는 것이다. 그런데 자신의 강점을 모르면 수영 선수가 유도장에서 유도 선수와 대결을 펼치는 상황이 발생하는 것이다. 대부분의 사람들은 N잡을 할 때 자신의 직업과 완전히 다른 영역을 기웃거리는 경우가 많다. 남의 떡이 커 보여서 전혀 다른 분야에 도전하게 되면 성공확률이 떨어질 수밖에 없다. 자신의 직업을 통해 익힌 노하우와 인맥 등을 최대한 활용해 시작하는 것이 현실적으로 가장 유리하다. 긴 시간 동안 그것이 본인의 '강점' 요소가 되었을 확률이 높기 때문이다. 이것은 비단 N잡뿐 아니라 퇴사 후 사업을 하더라도 동일하게 적용된다. 아직 자신이 무엇을 잘하는지 판단하기 힘들다면, 지금까지 자신이 속해 있던 산업군에서 시작해 볼 수 있는 일과 관련된 콘텐츠가 있는지부터 찾아보도록 하자.

08
남에게 보이고 싶은 나로 포지셔닝하자

현대인들이 우울증을 겪는 원인 중 SNS는 그 상당수를 차지한다.

SNS의 특성상 가장 행복하고 멋진 순간들만 업로드하기 때문에 타인의 SNS를 자주 들여다보면 열등감을 느끼거나 스트레스를 받을 수 있기 때문이다. 과거에는 다른 사람의 소식을 알기가 어려웠기 때문에 가끔 안부 인사를 묻거나 만나서 이야기하는 것이 전부였다. 그러나 지금은 해외에 있는 사람들의 소식까지 쉽게 알 수 있고, 심지어 내가 잘 모르는 사람의 소식도 억지로 들을 수밖에 없는 세상에 살고 있다. 바로 SNS 때문이다.

SNS로 삶을 비교하는 것은 '타인의 하이라이트와

나의 로우라이트를 비교하는 것이다'라는 표현도 종종 등장한다. 즉, SNS는 현실의 자신보다는 보이고 싶은 자신의 모습을 보여주는 공간이라는 것이다. 우리는 이 점을 이해하고, SNS 수익화에 활용하면 된다.

SNS에서 수익화를 이루기 위해 가장 중요한 것은 무엇일까? 바로 '신뢰'다. 일면식도 없는 누군가에게 상품을 구매하거나 광고를 제안하기 위해서는 상대방에게 신뢰를 얻어야 하기 때문이다. 먼저 자신이 SNS에서 어떤 모습으로 보이고 싶은지를 결정하고, 꾸준히 비슷한 콘텐츠를 올려야 팔로워들에게 신뢰를 얻을 수 있다. 이것을 우리는 '포지셔닝'이라고 부른다.

우선 '나에 대해 분석하기' 과정을 거친 다음 '보이고 싶은 나'에 대해 적어본다. 완전히 다른 캐릭터로 연출하는 것보다는 현실의 나와 어느 정도 결이 비슷하면 좀 더 수월하다. 현재의 나, 보이고 싶은 나, 최종 목표의 나를 총 3가지로 구분해 적어보는 것이 좋다. 다음 내용을 참고하여, SNS에서 어떤 페르소나로 포지셔닝할 것인지 기획해 보자.

1. 현재의 나

실제 나의 성격, 조건, 직업, 상황 등에 대해 구체적으로 적어본다. 현재 자신이 어떤 장단점을 가졌는지 정확히 파악해야 현실적으로 가장 효과적인 포지셔닝 전략을 세울 수 있다.

예를 들어, 나는 회사 생활을 12년 이상 하고 있는 기획자이고, 작가와 인플루언서, 강의, 쇼핑몰 등의 경험이 있는 N잡러이다. 네이버에 이름을 검색하면 프로필이 나오고, 인스타그램에서도 6만 명 이상의 팔로워를 보유하고 있다. 보유한 자격증으로는 방송SNS콘텐츠 전문가 1급, 쇼핑몰 관리사, 심리상담사 1급 등이 있다. 신분이 명확하고 다양한 커리어를 보유하고 있기 때문에 신뢰를 형성하고 있다. 나의 장점은 글쓰기를 좋아하고, 영상 콘텐츠 제작을 쉽고 빠르게 잘한다는 것이다. 또한, 여러 사람 앞에서 말하는 것을 두려워하지 않고, 말을 잘한다는 피드백을 많이 받아왔다. 그래서 현재 나는 책 출판을 통해 퍼스널브랜딩과 저작권 수입을 얻고 있으며, 나의 장점을 살려 많은 사람들 앞에서 강의를 할 수 있다. 이것이 현재 내가 활용해 볼 수 있는 강점인 것이다.

그러나 본업은 회사원이기 때문에 사용할 수 있는 시간이 제한적이고, 공동구매 등의 비즈니스는 회사 정책상 할 수 없다. 그래서 단순히 상품을 판매하는 비즈니스 모델은 포기해야 하고, 콘텐츠를 통해 수익화할 수 있는 것을 찾아야 한다. 이러한 점은 나에게 약점이 될 수 있다.

2. 보이고 싶은 나

SNS에서 자신이 어떤 이미지로 보이고 싶은지를 적어본다. '보이고 싶은 나'는 반드시 현실과 똑같을 필요는 없지만 실제와 너무 다른 콘셉트로 하게 되면 콘텐츠를 지속적으로 만들어내기 어렵다. 보이고 싶은 나의 모습을 만들 때 가장 중요한 것은 SNS 수익화와 연계되어야 한다는 것이다. 수익을 만들기 위해서는 내 계정에 많은 사람들이 방문할 이유를 만들어줘야 한다. SNS에서 내 모습을 보고 누군가가 호감을 느끼고 나를 팔로우하는 것이 수익화 단계의 시작이다. 당신의 '보이고 싶은 모습'을 통해 어떤 수익으로 연결할 수 있을

지를 고려해야 한다. 예를 들어, '요리를 예쁘게 잘하는 주부'로 보이고 싶다고 가정해 보자. 남편과 아이를 위한 아침 밥상을 차리거나 예쁜 도시락을 만드는 콘텐츠를 릴스 영상으로 업로드한다. 그리고 이 콘텐츠에 함께 나오는 식기, 재료 등을 협찬받거나 구매 링크를 연결해 추가적인 수익을 만들어낼 수 있다. 요리에 관심이 많고, 팔로워들이 좋아할 만한 요리 관련 제품들을 소개할 수 있다면 이런 콘셉트로 결정하면 된다. 이 이치는 패션, 뷰티, 자기계발 등 모든 카테고리에도 통한다. 자신이 어떤 카테고리에서 수익화를 이룰 수 있고, 지속적으로 콘텐츠를 생산할 수 있을지를 고려해 기획하면 된다.

3. 최종 목표의 나

지신이 궁극적으로 어떤 사람이 되고 싶은지를 적어본다. 인생의 최종 목표를 설정하는 것과 비슷하다. '보이고 싶은 나'를 기획하는 것이 SNS 수익화를 위한 과정과 단계라면, '최종 목표의 나'를 기획하는 것은 인생의 방향을 설정하는 것과 같다. SNS로 돈만 벌면 되지 왜 거창하게 인생의 방향까지 설정해야 하는지에 대해 궁금증이 생길 것이다. 이것 역시 '지속성'을 위한 작업이다. 목표를 세우고 몰입해서 열심히 할 때는 괜찮지만, 어느 날 지치고 힘들어지면 모든 것을 포기하고 싶어진다. 생각보다 돈은 안 되고, 시간과 에너지를 낭비한다고 느낄 때가 있을 것이다. 콘텐츠로 돈을 버는 비즈니스 모델은 대부분 이러한 과정을 겪는다. 조회수가 잘 나왔던 콘텐츠와 분명 똑같이 만들었는데, 어떤 콘텐츠는 조회수도 안 나오고 시간만 낭비한 것 같다. 협찬 광고가 잘 들어오다가 어느 시기에는 잘 안 들어오기도 한다. 이렇게 나의 노력이 인정받지 못한다고 느낄 때 대부분 포기한다. 그러므로 항상 이 일을 내가 왜 하려고 하는지를 떠올리고, 그 과정에서 겪는 일들에 일희일비하지 말아야 한다. 단순히 'SNS로 돈 좀 벌어볼까?' 하는 생각이 여러분의 최종 목표는 아닐 것이다. 'SNS 퍼스널브랜딩을 통한 퇴사 후 새로운 삶'과 같은 당신만의 진짜 목표를 세워보자. 오아시스에 잘 보이는 깃발이 꽂혀 있다면, 좀 더 편안하고 여유로운 마음으로 사막을 걸어갈 수 있을 것이다.

09
경쟁자는 어떻게 분석해야 할까?

모든 비즈니스를 시작하기 전에 가장 기본적으로 해야 하는 작업이 바로 '경쟁자 분석'이다.

경쟁자를 분석해야 하는 이유는 이미 잘해 오고 있는 그들의 강점과 약점을 파악해 내가 성공할 수 있는 '기회'를 포착하기 위함이다. 경쟁자를 분석하면 우리는 많은 에너지와 시간, 비용 등을 아낄 수 있다. 만약 SNS 수익화에 처음 도전하는 초보라면, 우선 잘하고 있는 인플루언서들을 파악해야 한다.

경쟁자는 자신과 같은 '타깃'을 가진 계정을 운영하는 사람이다. 우선 자신의 SNS 계정이 어떤 사람들에게 호감을 얻고 싶은지 타깃을 정해야 한다. 만약

2030 여성들에게 호감을 얻고 싶다면, 이미 2030 여성 팬들을 많이 확보하고 있는 계정을 분석하면 된다. 경쟁자는 크게 직접 경쟁자와 간접 경쟁자로 나뉜다.

1. 직접 경쟁자

직접 경쟁자는 나와 타깃도 같고 동일한 서비스와 제품을 파는 경쟁자를 의미한다. 예를 들어, 나의 타깃이 2030 여성이고 나의 주력 카테고리가 '패션'이라면, 패션 콘텐츠로 2030 여성들에게 인기를 끌고 있는 계정이 나의 직접 경쟁자인 것이다.

2. 간접 경쟁자

간접 경쟁자는 나와 타깃은 같지만 전혀 다른 서비스와 제품을 파는 경쟁자를 의미한다. 내가 2030을 타깃으로 패션 카테고리를 운영하고 있다면, 뷰티나 미용 콘텐츠로 2030 여성들에게 인기를 끌고 있는 인플루언서가 나에게는 간접 경쟁자이다.

직접 경쟁자만 분석해서 벤치마킹하면 별다를 것

없는 콘텐츠를 기획하게 될 확률이 높다. 신선함과 창의성을 추가하기 위해서는 간접 경쟁자들을 보면서 새로운 아이디어를 접목해 보는 것을 추천한다. 독창성이란 "들키지 않은 표절"이라는 말이 있다. 피카소 역시 "예술은 도둑질이다"라는 명언을 남겼다. 즉, 누군가를 모방하는 것에 그치지 말고, 경쟁자들의 콘텐츠를 참고하되 그것을 자신의 것으로 만드는 능력을 길러야 한다. 계속 연습하다 보면 어느 순간 자기만의 개성이 담긴 콘셉트가 만들어진다.

경쟁자를 분석하는 가장 좋은 방법은 체계적으로 기록하는 것이다. 단순히 다른 계정을 저장만 해놓고 '대충 이런 느낌이네!'라고 생각하는 것보다는 분석할 계정들의 특징을 체계적으로 정리해 보는 것이 좋다. '기억과 느낌'보다 좋은 것은 명확한 '기록'이기 때문이다. 단순히 감에 의존해 계정을 보는 것과 기록해서 보는 것은 분명 다를 것이다. 경쟁자를 분석하기 위해 기록하다 보면 기존에 잘되고 있는 계정들은 단순히 운이 좋아서 잘되는 것이 아니라 성공할 만한 이유가 있다는 것을 발견하게 될 것이다. 여러분의 계정이 수익화를 이루기 위해서는 '전략'과 '기획'이 있어야 한다.

먼저 벤치마킹하고 싶은 SNS 계정을 10개 이상 팔로우하고 장점과 특징을 파악한다. 그다음으로 엑셀이나 노션 등의 도구를 이용해 특징을 한눈에 파악할 수 있도록 내용을 정리한다. 경쟁자 계정 분석 항목은 'SNS 계정, 팔로워 수, 프로필/주제, 장점/특징, 벤치마킹 인사이트' 등으로 나눌 수 있다. 자신이 알고 싶은 내용에 대해 항목을 정하고, 각 계정별 특징을 정리해 본다. 그리고 나서 그 계정들의 공통점을 파악하고 벤치마킹 포인트를 도출한 후 자기만의 좋은 콘텐츠를 만들기 위해 노력한다. 벤치마킹할 때 중요한 점은 단순히 베끼기만 해서는 발전할 수 없다는 것이다. 인기가 많은 콘텐츠의 특징을 잘 파악하고 자신의 콘셉트에 맞게 더 좋은 콘텐츠를 만들어내는 과정에서 실력이 쌓인다.

예를 들어, 내 계정을 경쟁자 분석 관점으로 정리해 보면 다음과 같다. 팔로워 수는 현재 기준 6만 명이고, 프로필과 주제는 자기계발, N잡러, 패션, 골프 등이 있다. 내 계정의 장점이자 특징은 직장인들에게 유익한 정보를 소개하는 계정이라는 것이다. 자기계발, 패션, 골프 등 3040 사람들에게 유용한 정보를 다양하게 소개한다. 매일 중요한 뉴스도 스토리에 업데이트된다. 또한, 내 얼굴을 직접 노출해 운영하고, 릴스 영상도 자주 업로드되는 계정이다. 직장 생활을 하면서 다양한 N잡을 하고 있으며, 광고 및 협찬, 책 판매, 강의, 컨설팅으로 연결하여 수익을 만들고 있다.

아마도 나의 계정을 분석하는 사람들은 직장을 다니면서 부수입을 얻고 싶은 사람들일 확률이 높을 것이다. 나처럼 직장을 다니면서 책을 내고 싶거나 쇼핑몰 운영, SNS 수익화 등을 실현하고 싶은 사람들이 가장 관심을 두는 계정이기 때문이다. 또한, 골프를 좋아하거나 출근룩과 데일리룩 등 패션에 관심이 많은 직장인들도 관심을 가질 수 있다.

내 계정은 퍼스널브랜딩에 초점이 맞춰져 있기 때문에 본인의 커리어를 쌓고 싶은 사람들에게 인기가 많다. 이렇게 경쟁자 분석을 하면서 자신의 계정은 어떤 사람들의 관심을 끌게 될지도 생각해 보자.

SNS 계정	팔로워 수	프로필/ 주제	장점/특징	벤치마킹 인사이트
@Sora_sosora	6만 명	자기계발/ N잡러 패션/골프	•직장인 자기 계발 및 정보 성 콘텐츠 업 로드 •출근룩, 데일 리룩, 골프룩 등 다양한 패 션 콘텐츠 업 로드 •본인 얼굴 직 접 노출하는 계정 •사진 피드와 릴스(영상)를 믹스해서 노 출	•패션, 여행, 골프 등 다양한 콘텐츠를 '직 장인 자기계발 라이 프'라는 하나의 콘셉 트로 묶었음. •다양한 주제로 콘텐 츠를 올리고 싶으면 강력한 메인 컨셉 하 나를 잡으면 됨.

■ 경쟁자 계정 분석 항목

■ 출근룩, 데일리룩, 골프룩 등 다양한 패션 콘텐츠를 업로드했다.

10
당신의 SNS 계정 콘셉트는 무엇인가?

자신에 대한 탐구와 경쟁자 분석까지 마쳤다면, 이제 본격적으로 SNS 계정의 콘셉트를 정의해야 한다.

SNS 콘셉트는 자신의 프로필 및 콘텐츠와 모두 연결되기 때문에 신중하게 결정해야 한다. 우선 남들과 차별화되는 콘셉트를 정하고, 한 문장으로 정의를 내려야 한다. 그리고 그 기본 콘셉트를 바탕으로 아이디와 닉네임, 프로필 등을 설정한다. 그리고 이 콘셉트에 맞는 콘텐츠를 지속적으로 제작하여 업로드하면 된다.

인스타그램의 상단에는 자신을 설명하는 프로필 영역이 있다. 사람들은 처음 그 계정을 방문했을 때 프로필 영역에 있는 사진, 이름, 소개, 링크 등을 보고 이 사람이 어떤 사람인지 파악한다. 그러고 나서 몇 개의 콘텐츠를 둘러본 후 자신에게 유익하거나 호감이 가면 팔로우를 시작한다. 그러므로 프로필은 매우 중요하고, 가장 신경 써서 설정해야 하는 영역이다. 그리고 전략적인 프로필 세팅을 위해서는 꼭 SNS 계정 콘셉트 정

■ 필자가 운영하는 인스타그램 계정의 프로필 영역

의가 선행되어야 한다.

현재 나의 SNS 계정 콘셉트는 '꾸준히 자기계발을 하는 N잡러이자 커리어우먼이며, 선한 동기부여를 제공하는 사람'이다. 사실 처음부터 이 콘셉트로 계정을 운영한 것은 아니다. 처음에는 패션, 뷰티, 골프, 독서 등 다양한 콘텐츠를 테스트해 봤다. 다양한 콘텐츠를 만들어보고 나에 대해 꾸준히 분석해 보면서 내가 가진 강점을 알아가게 되고, 앞으로 어떤 방향으로 나아갈지에 대해 깨달으면서 계속 콘셉트의 방향을 조정해 갔다. 나는 내 인스타그램 계정에서 팔로워들에게 유익한 정보를 제공하며 꾸준히 신뢰를 쌓아가고 있다. 그리고 현재 100명이 넘는 'N잡시크릿'이라는 별도 멤버십을 운영하면서 오프라인 강의와 모임도 하고 있다. 내가 제공할 수 있는 N잡에 대한 지식과 노하우를 공유하면서 이들과 탄탄한 신뢰를 형성하고 있는 것이다.

이 과정을 통해 나는 퍼스널브랜딩을 하고 있고, 나의 지식이 담긴 책이나 강의, 컨설팅 등으로 부가적인 수익을 창출하고 있다. 그리고 이것보다 더 중요한 것은 나의 지식을 판매할 수 있는 기술을 계속 발전시키고 있다는 점이다. 언젠가 내가 퇴사했을 때 지식을 판매함으로써 수익을 만들어내는 무기를 하나 장착했다고 생각하면 쉽다.

이렇게 나는 장기적으로 내다보고 SNS 계정을 운영하기 때문에 조급하게 콘텐츠를 제작하거나 운영하지 않을 수 있다. 광고나 협찬이 잘 안 들어오거나 게시물의 반응률이 떨어져도 크게 일희일비하지 않을 수 있다. 그래서 나는 SNS 운영을 포기하지 않고 꾸준히 해올 수 있었다. 즉, 여러분도 SNS 콘셉트를 잘 잡고, 인생 방향에 맞게 운영하면 SNS 운영을 꾸준히 해낼 수 있을 것이다.

앞서 말했듯이 수영 선수가 유도 선수와 싸워서 이기는 방법은 수영장에서 수영으로 경기를 치르는 것이다. 요즘 유행하는 것들에 끌려서 그들과 경쟁하려고 하면, 내가 이길 수 있는 확률이 현저히 줄어든다. 그러므로 내가 잘하고 잘 아는 영역에서 승부를 봐야 한다. 만약 내가 나의 SNS 계정 콘셉트에 관해 끊임없이 연구하지 않았다면, 요즘 유행하는 콘텐츠들을 따라 하다가 지쳐서 나가떨어졌을 것이다. 왜냐하면 나는 유행하는 콘텐츠를 따라갈 시간이 물리적으로 부족한 직장인이고, SNS의 유행을 선도하는 1020 세대의 감각과 트렌드를 따라잡기에도 한계가 있기 때문이다. 내가 현실적으로 할 수 있고, 그중에서도 가장 잘 해낼 수 있는 영역을 파악해 틈새시장을 파고들어야 한다.

SNS 콘셉트를 정의하기 위해서는 우선 자신이 무엇을 홍보 및 판매하고 싶은지 결정하고, 그것을 누구에게 알릴 것인지 '타깃'을 정해야 한다. 다음의 내용을 참조해, 자신의 계정은 무엇을 누구에게 판매할 것인지, SNS 계정의 콘셉트를 정의해 보자.

1. 홍보 및 판매하고 싶은 것 정하기

자신의 SNS 계정을 통해 홍보하거나 판매하고 싶은 것을 정한다. 예를 들어, 강남에서 네일아트 샵을 운영하는 사장님이라면 네일아트와 관련된 콘텐츠를 통해 고객들이 가게에 방문할 수 있도록 유도하는 것이 목적일 것이다. 만약 화장품을 좋아하고 메이크업을 잘하는 일반인이라면, 이와 관련된 콘텐츠를 통해 제품협찬을 받거나 화장품을 소개하고 판매하는 것을 목표로 삼을 수 있다. 자신의 지식을 책이나 강의로 판매하고 싶은 사람이라면 관련된 지식을 전달하고 신뢰감을 쌓는 퍼스널브랜딩 콘텐츠로 승부하게 될 것이다. 즉, 자신이 어떤 것을 목표로 삼느냐에 따라 SNS 계정 콘셉트가 바뀔 수 있기 때문에 먼저 어떤 것을 홍보하고 판매하고 싶은지부터 정해 보자.

2. 타깃 정하기

자신의 SNS 계정을 홍보하고 싶은 타깃을 정해 보자. 타깃은 메인 타깃과 서브 타깃 등 2개로 나눠서 정해 두면, SNS 콘셉트를 확장시킬 수도 있다. 예를 들어, 네일아트 샵을 강남역 근처에서 운영하고 있다면 '강남역 부근에서 근무하거나 살고 있는 2030 여성'을 메인 타깃으로 잡을 수 있다. 이 비즈니스 모델에서는 직접 오프라인 샵으로 방문하게 만들고, 수익으로 연결하는 것이 목표이기 때문이다. 그런데 만약 네일아트 샵에서 네일아트 서비스뿐 아니라 관련 용품을 고객들에게 판매하고 있다면 어떨까? '집에서 혼자 네일 관리를 편하게 하고 싶은 사람들'을 서브 타깃으로 잡고, 상품들을 연계해 SNS로 직접 팔면 된다. 즉, 홍보 및 판매하고 싶은 것과 목적에 따라서 타깃을 설정하면 된다.

11
초간단하게 수익화 퍼널 만들기

사실 수익화 퍼널을 기획하는 것은 초보들에게 좀 어렵게 느껴질 수 있다. 아직 걸음마도 못 뗀 아기에게 뛰라고 하는 것과 마찬가지이기 때문이다.

강의나 컨설팅에서도 수익화 퍼널에 관한 내용은 중급자나 고급자들에게 알려주고 있다. 하지만 대략적이라도 어떤 방식으로 수익화할지를 고려해 SNS를 시작해야만 그 방향에 맞게 운영할 수 있다. 따라서 아주 쉽고 편하게 수익화 퍼널을 만드는 방법에 대해 이야기해 보고자 한다.

우선 퍼널(Funnel)이란 깔때기를 뜻하는데, 마케팅과 UX/UI 디자인에서 흔히 사용하는 용어이다. 퍼널은 고객이 상품을 인지하고 구매까지 이어지는 단계라고 이해하면 된다. 검색사이트에 '마케팅 퍼널'이라고 검색해 보면 많은 정보들을 얻을 수 있다. 퍼널에 대해서는 『마케팅 설계자』라는 책에 좀 더 자세하게 설명되어 있으므로 마케팅에 관심 있는 분들은 꼭 한 번 읽어 보시기 바란다. 퍼널 기획에 대해서는 너무나 많은 기법과 정보가 존재하기 때문에 이 책에서는 자세한 설명은 생략하고, 초보자들이 꼭 알아야 하는 내용만 설명해 보겠다.

우리는 자신의 SNS 계정에 유입된 방문자들에게 어떤 방법으로 수익을 얻을지 그 여정을 기획해야 한다. 한 줄로 요약하자면 '누구에게 어디서 어떤 미끼를 써서 어떤 결과를 얻어낼 것인가?'를 기획해야 하는 것이다. 수익화 퍼널에 대해 초보자들이 알기 쉽게 내 생각을 정리해 보았다. 아래 내용을 참고하여, 수익화 퍼널을 가볍게 기획해 보자.

1. 방문자(트래픽) 늘리기

일단 SNS 수익화를 위해서는 많은 사람들이 내 계

정에 방문해야 한다. 그러므로 인스타그램에서 조회수가 높게 나올 수 있는 릴스 콘텐츠를 올려야 한다. 릴스는 불특정 다수에게 노출되기 때문에 나를 팔로우하지 않고 있는 사람들에게 노출될 확률이 높다. 인스타그램에서도 릴스를 알고리즘으로 잘 밀어주기 때문에 릴스는 사실 필수적으로 해야 하는 콘텐츠이기도 하다. 다만, 본인의 콘텐츠에 관심이 있는 사람들에게 노출이 되기 때문에 본인 계정의 콘셉트와 결이 맞는 콘텐츠와 방문자를 늘려야 한다. 예를 들어, 골프 정보를 전문적으로 제공하는 SNS 계정에서 갑자기 육아 꿀팁 콘텐츠를 보여준다면 어떻게 될까? 육아 콘텐츠를 보고 들어온 방문자들은 자신의 관심사와 맞지 않는 계정이라 생각하고 그대로 이탈해 버릴 확률이 높다.

2. 미끼 콘텐츠 깔아두기

자신의 SNS 계정에 한 번 들어온 방문자는 어떻게 해서든 나의 팔로워로 전환시켜야 한다. 사람들이 내 SNS에 방문했는데 그대로 이탈해 버리면 허무하게 그 기회를 날려버리기 때문이다. 당신은 어떤 SNS 계정을 팔로우하는가? 이 과정을 먼저 생각해 보자. 타인의 인생에 관심을 갖거나 그 콘텐츠를 지속적으로 접하는 것은 자신에게 어떤 '의미'가 있기 때문이다. 부러워서 따라 하고 싶거나 어떤 유익한 정보들이 있어야 한다. 혹은 그저 보는 것 자체로 즐겁고 행복해야 한다. 즉, 우리는 자신의 SNS 계정을 다른 사람들에게 계속 봐야만 하는 이유를 제공해야 하는데, 그것을 나는 '미끼'라고 부르겠다. 예를 들어, 요리에 대한 정보가 필요한 사람은 요리 레시피와 플레이팅 정보가 잘 나와 있는 SNS 계정을 팔로우할 것이다. 인테리어에 관심이 많은 사람은 집을 잘 꾸미고 정보를 주는 계정을 팔로우할 것이다. 자기계발에 관심이 많은 사람은 동기부여와 관련된 영상들이 계속 업데이트되는 계정을 팔로우할 것이다. 이렇게 지속적으로 미끼 콘텐츠를 제공하여, 내 계정에 많은 사람들이 계속 방문하고 머무를 수 있도록 만들어야 한다.

3. 가치 사다리 만들기

가치 사다리는 궁극적으로 도착하고 싶은 목표를

설정하고, 장기적인 관계를 통해 고객에게 최고의 가치를 제공하는 것을 말한다. 고객에게 처음에는 접근성 좋은 제품 또는 서비스를 무료로 제공하고, 점진적으로 높은 가치를 제공하는 전략이다. 점점 높은 단계로 이동할수록 더 높은 가치와 높은 비용의 제품 및 서비스로 이동하도록 유도한다. 가치 사다리를 기획하는 과정은 특히나 초보자에게 어렵게 느껴질 수 있는 단계이지만 최종 목적지에 대해 계속 고민해야만 콘텐츠의 가치를 높일 수 있다. 가치 사다리 예시는 다음과 같다.

　경제 공부에 관심이 많았던 A는 경제 콘텐츠를 운영 중인 SNS 계정을 보고 팔로우하게 되었다. 어느 날, 경제와 관련된 무료 온라인 강의가 열린 것을 보고 참가 신청을 했다. 무료 강의였고, 온라인이라 부담이 없었기 때문이다. 생각보다 수업 내용도 좋았고, SNS 운영자에 대한 신뢰도가 높아졌다. 수업 이후에 무료 수업을 들은 사람들을 대상으로 경제와 관련된 데일리 뉴스레터를 제공하기 시작했다. 좋은 정보들을 한 달 넘게 받으니 고맙기도 했고, 해당 계정에 대한 호감도와 신뢰도가 매우 높아졌다. 그러던 어느 날, 3만 원짜리 오프라인 유료 강의가 오픈되었다. 무료 수업 내용도 좋았고, 매일 뉴스레터도 제공받고 있었기 때문에 3만 원 정도의 강의는 합리적이라고 생각했다. 선착순 30명만 들을 수 있었기 때문에 빠르게 결제했다. 오프라인 유료 수업 내용도 만족스러웠고, SNS 운영자에 대한 신뢰도가 더 높아졌다. 또한, 수업에 함께 참여한 커뮤니티 사람들과 별도로 오픈 채팅방을 만들어줘서 서로 정보를 교류할 수 있어 좋았다. 그리고 한 달 후 100만 원짜리 컨설팅 수업이 오픈되었다. 오프라인에서 유료 강의를 들은 사람들을 대상으로만 소수 정예로 컨설팅을 진행한다고 한다. A씨는 고민하기 시작한다. '100만 원 정도는 괜찮지 않을까…?'

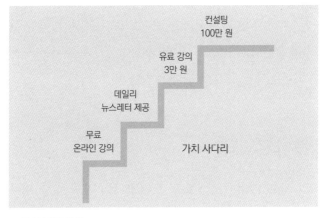

■ 가치 사다리 예시

12
콘텐츠의 방향성을 정해 볼까?

본격적으로 SNS에 콘텐츠를 업로드하기 전에 고민해
야 할 것들이 있다.

자신의 여건에 따라 콘텐츠 방향이 결정되기 때문
에 '나'에 대한 분석 내용을 바탕으로 콘텐츠 기획을 시
작해야 한다. 콘텐츠의 방향성을 정하기 위해서는 크게
3가지 항목을 점검해 보아야 한다.

1. 나의 노출 여부

SNS 계정에서 '나'를 드러낼 것인가에 대한 여부
를 정한다. 만약 자신의 얼굴이나 몸이 공개되어도 괜

찮다면 패션, 뷰티, 운동 등의 카테고리를 선택해 콘텐츠를 만들 수 있다. 특히 외모가 호감형이라면 SNS에서 신뢰를 얻고 팬을 확보하는 데 큰 강점이 될 수 있다. 그러나 얼굴을 드러내지 않고 패션 계정을 운영하는 인플루언서도 더러 있다. 패션 코디 방법을 소개하면서 얼굴은 보이지 않게 마스크를 쓰거나 휴대폰으로 가려서 촬영한다. 물론 자신을 SNS상에 노출하는 것은 가장 쉽게 SNS 계정을 키우는 방법이기도 하다. 팔로워들에게 신뢰를 줄 수 있고, 광고주의 눈에도 잘 띄기 때문이다. 퍼스널브랜딩이 필요한 사람이라면 당연히 나를 노출하는 콘텐츠의 방향성으로 가는 것이 좋다. 반면에 회사나 개인 신상 노출에 부담을 느끼는 경우에는 자신을 직접 드러내지 않고도 SNS 계정을 운영할 수 있다. 캠핑, 맛집, 반려동물, 요리 등의 카테고리는 반드시 자신을 노출하지 않아도 된다. 같은 취미와 관심사를 가진 사람들이 공감할 수 있는 콘텐츠를 만들어서 제공하면 된다. 반려동물과 아기 관련 콘텐츠를 다루면 성공률이 매우 높다는 말이 있듯이 누군가에게 행복감과 힐링할 수 있는 순간을 선사할 수 있다면 굳이 자신을 드러내지 않더라도 호감을 얻을 수 있다.

2. 주력 콘텐츠 유형

대부분의 SNS 콘텐츠는 사진, 영상, 글의 조합으로 이루어져 있는데, 플랫폼의 특성에 따라 좀 더 주력으로 하는 콘텐츠 유형이라면 다를 수도 있다. 대한민국에서 현재 가장 영향력이 높은 SNS인 인스타그램은 사진과 영상을 업로드할 수 있으며, 최근에는 단순 사진보다는 숏폼 형태의 영상인 '릴스'를 밀어주고 있는 추세이다. 물론 반드시 영상만 업로드해야 하는 것은 아니다. 자신에게 강점이 있는 콘텐츠로 주력 콘텐츠 유형을 선정하면 된다. 인스타그램의 경우 사진, 영상, 사진 및 영상 조합, 카드뉴스 형태로 콘텐츠 유형을 나눌 수 있다. 만약 본인이 사진을 잘 찍는다면 사진 위주로 피드를 구성하고, 가끔씩 피드와 어울리는 릴스 영상으로 트래픽을 끌어오면 된다. 영상 편집을 센스 있게 잘한다면 계정의 주력 콘텐츠를 릴스로 가져가도 좋다. 요즘은 영상 크리에이터들이 유튜브, 틱톡, 인스타그램 릴스를 같이 운영하는 경우가 많다. 자신의 강점을 살린 주력 콘텐츠 유형은 정하되 전략적으로 콘텐츠를 조합해 운영하는 것을 추천한다. 또한, 하나의 콘텐츠를 다양한 플랫폼에 확산시켜서 활용하면 좀 더 효율적으로 SNS를 운영할 수 있다.

3. SNS 수익화 비즈니스 모델 및 목표

자신의 SNS 계정으로 수익화할 비즈니스 모델과 목표를 명확하게 정의해야 한다. 예를 들어, 공동구매를 통해 상품 판매 수익을 얻을 것인지, 자신의 쇼핑몰을 홍보하고 연결하여 구매 전환율을 높일 것인지, 광고주에게 협찬 및 광고를 받을 것인지 등을 결정해야 한다. 또는 자신이 출판한 책을 홍보하여 판매하거나 강의와 컨설팅으로 연계하여 수익을 창출할 수도 있다. 본인의 궁극적인 수익화 목표에 따라 콘텐츠 방향도 달라지기 때문에 꼭 고민해 보아야 하는 점이다. 물론 앞서 이야기한 모든 방법들로 수익을 낼 수도 있다. 다만, 가장 주력으로 하고 싶은 비즈니스 모델과 목표에 따라 본인의 콘텐츠가 시작된다는 점을 잊지 말자. 처음에 계정을 기획할 때 상품 판매를 주로 하는 '커머스향 계정'으로 갈지, 본인이 곧 브랜드가 되는 '퍼스널브랜딩향 계정'으로 갈지를 정하느냐에 따라 SNS 계정의 콘셉트가 크게 달라질 수 있다. 물론 상황에 따라 변형되기도 하겠지만, 명확한 콘셉트와 전략이 없으면 이도 저도 아닌 계정이 되어 장기적으로 성공하기 어려울 수 있다. 최소 6개월 이상 계정 운영을 꾸준히 해야만 계정의 기반이 쌓인다는 점을 명심하고 신중하게 접근해 보자. 우리에게 시간은 매우 소중한 자산이고, 모든 활동은 기회비용이기 때문이다.

13
SNS 수익화 방법의 종류

지금까지 자신의 SNS를 어떻게 기획하고 운영해야 하는지에 대해 설명했다. 마치 이 과정은 자신의 가게에 간판을 달고 인테리어를 하며, 어떤 음식을 팔지 결정하는 과정과 같다. 드디어 가게가 완성되었다면 본격적으로 돈을 벌 수 있는 전략을 기획해 보도록 하자.

SNS로 수익을 만드는 방법은 크게 4가지로 나눌 수 있다. 플랫폼 자체 수익, 브랜드 광고 및 협찬, 커머스 연계, 콘텐츠 자산 판매이다. 자신이 가장 자신 있는 수익화 방법을 주력으로 삼고, 하나씩 확장해 나가면 된다.

1. 플랫폼 자체 수익

SNS 플랫폼에서는 크리에이터들의 지속적인 활동을 지원하기 위해 수익을 제공해 주고 있다. 크리에이터가 콘텐츠를 게시하는 것에 대한 보상이라고 볼 수 있으며, 자체 운영 중인 광고를 연계했을 때도 수익을 제공해 준다. 예를 들어, 인스타그램에서는 '릴스 보너스, 구독, 기프트'와 같은 기능을 통해 크리에이터에게 수익을 준다. 사용자들이 가장 많이 사용하는 릴스는 '보너스'에 참여를 시작한 후 한 달 내에 25달러의 수익을 발생시켜야만 수익화를 할 수 있다. 그리고 총 100달러 이상을 채우면 세금을 공제한 후 외화계좌로 달러가 입금된다. 유튜브처럼 달러로 입금된다는 점이 큰 장점이다. 다만, 영상 조회수가 잘 나오지 않으면 수익을 발생시키기 어렵고, 한 달이 지나면 누적 금액이 다시 초기화된다는 단점이 있다. 나도 실제로 수익이 발생하는지 테스트해 보기 위해 보너스를 시도해 보았는데, 실제로 내가 연결해 둔 페이팔 계좌로 20~30만 원씩 입금되는 것을 확인할 수 있었다. 꽤 쏠쏠한 용돈 벌이이므로 숏폼 제작에 자신이 있는 사람이라면 릴스 보너스로 수익을 만들어내는 것을 추천한다. 이외에도 유튜브, 틱톡 등 대부분의 SNS 플랫폼에서는 크리에이터가 수익을 얻을 수 있는 방법들이 존재한다. 그래야만 지속적으로 양질의 콘텐츠가 생산될 수 있기 때문이다.

다만, 개인마다 편차는 있겠지만 이 수익이 생각보다는 크지 않기 때문에 말 그대로 '보너스' 개념으로 생각하는 것이 좋다. 즉, 플랫폼 자체 수익 외에 다른 수익을 연계하는 것이 꼭 필요하다.

2. 브랜드 광고 및 협찬

SNS 계정이 좋은 콘셉트로 잘 운영되고 있으면, 이제 본격적으로 광고와 협찬이 들어오기 시작한다. 그 중에서도 가장 좋은 것은 '유료광고'인데, 콘텐츠를 제작해서 업로드하는 대신에 현금으로 원고료를 받는 것이다. 주위의 인플루언서들에게 물어보니 이 수익이 가장 크고, 판매에 대한 압박도 없기 때문에 가장 좋은 수입원이라고 공통으로 이야기한다. 본인의 외모, 촬영, 편집 등의 재능으로 콘텐츠를 제작하고 잘 마련해 놓은 SNS 계정에 업로드만 하면 수십만 원에서 수백만 원까지 수익을 얻을 수 있다. 예를 들어, 광고 평균 단가가 50만 원이라면, 한 달에 10개 피드만 올려도 현금으로 500만 원의 수익을 얻을 수 있는 것이다. 직장인 평균 월급보다 훨씬 큰 금액이다.

유료광고가 아니라 단순히 제품이나 서비스를 협찬받는 경우도 있다. SNS 계정의 파급력에 따라 제품과 서비스의 단가가 달라진다. 좋은 브랜드 상품을 무료로 협찬받게 되면 지인이나 중고거래 플랫폼에서 판매할 수도 있다. 자신에게 필요하지 않은 상품을 현금화하는 방법이다. 처음부터 유료광고를 받기는 어렵기 때문에 상품이나 서비스를 제공받는 것부터 차근차근 시작하면 된다. 나는 주로 미용실, 피부 샵, 마사지 샵 등의 서비스를 무상으로 제공받는다. SNS를 활발하게 운영하지 않을 때는 내가 직접 결제해야만 받을 수 있는 서비스들이다. 돈을 버는 것도 중요하지만 지출을 최소한으로 줄이는 것도 중요하다.

3. 커머스 연계

SNS에서 가장 강력한 파급력이 큰 인플루언서는

'물건을 잘 파는 사람'이다. 많은 브랜드사들이 유명한 인플루언서들과 협업하고 싶어 하는 이유는 궁극적으로 상품을 많이 판매하고 싶기 때문이다. 처음부터 커머스를 목적으로 잘 만든 SNS 계정은 공동구매 기간에 수천 개의 상품을 판매하고, 억 단위가 넘는 돈을 벌기도 한다. 재미있는 것은 물건을 잘 파는 인플루언서가 꼭 팔로워 수가 많은 것은 아니라는 점이다. 진정성 있는 콘텐츠와 장기적인 관계 형성을 통해 팔로워들의 신뢰를 얻으면 상품 판매가 좀 더 수월해진다. 앞서 이야기한 '가치 사다리'가 성공적으로 작동하면, 이렇게 상품 판매로 큰 수익을 얻을 수 있다.

SNS에서 커머스를 연계하는 방법으로는 공동구매, 상품 및 서비스 직접 판매, 쿠팡파트너스와 같은 제휴마케팅 링크 연결 등이 있다. 직접 사업을 해본 사람은 알겠지만 본인이 직접 상품을 제조하고 유통하는 사업은 큰 자본이 들어가기 때문에 금전적인 리스크가 존재한다. 하지만 SNS에서 인지도와 신뢰를 잘 쌓아두면 이미 잘 만들어진 물건을 잘 '판매'만 하면 되기 때문에 금전적으로 리스크는 없다. 특히 공동구매의 경우 평균적으로 판매 수익의 30%를 받을 수 있기 때문에 인플루언서에게 굉장히 큰 수익을 안겨준다. 본인이 상품을 홍보하고 판매하는 것에 자신 있다면 커머스를 연계하는 채널로 기획하면 큰돈을 벌 수 있을 것이다.

4. 콘텐츠 자산 판매

SNS에서 퍼스널브랜딩을 잘해 왔다면 이와 관련된 강의나 컨설팅, 책 등의 콘텐츠를 판매할 수 있다. 특히 전자책의 경우 인세를 최대 80% 정도까지 받을 수 있으므로 굉장히 수익률이 좋다. 전자책을 단순히 PDF로 만들어 저자가 직접 판매하는 경우도 있는데, 이 경우에는 출판사에 나눠주는 금액 없이 100% 모두 본인의 수익이다. 본인이 만든 PDF 책을 판매하려면 그만큼 팔로워들에게 신뢰를 얻어야 한다. 『역행자』라는 책으로 유명한 유튜버 자청의 경우 글쓰기와 관련된 PDF 책을 무려 30만 원의 고가로 책정하여 판매하기도 했다. 그만큼 영향력이 큰 사람이라는 것을 가격이 증명하는 것이다. 종이책은 인세가 책 정가의 10% 정도이기 때문에 큰 수익을 기대하기는 어렵다. 다만, 자신의 퍼스널브랜딩과 신뢰를 쌓는 측면에서 종이책은 큰 역할을 한다. 추후 본인의 강의나 컨설팅 등을 고려하고 있다면 종이책을 발간할 것을 추천한다. 왜냐하면 정식으로 종이책을 출간하게 되면 '작가'라는 타이틀을 얻을 수 있는데, 생각보다 작가라는 직업을 인정해 주는 사회적 분위기가 형성되어 있어서 더 많은 기회를 잡는 데 유리해진다.

그림을 잘 그리는 사람이라면 한 번쯤 카카오톡 이모티콘으로 수익을 얻는 사람을 부러워했을 것이다. 이모티콘 세트가 1개 팔리면 작가에게는 약 30% 정도의 수익이 돌아오는데, 인기 있는 이모티콘의 경우 매월 수백만 원에서 수천만 원의 수익이 생긴다고 한다.

SNS 수익화 방법은 이렇듯 다양하다. 인스타그램, 유튜브, 블로그, 틱톡도 있지만 다른 플랫폼에서도 수익을 창출할 수 있는 방법들이 많다. 카카오톡에서 이모티콘 판매하기, 크몽에서 전자책과 컨설팅 판매하기 등으로 수익화를 확장해 볼 수도 있다. 하나의 SNS로 수익화 전략을 잘 만들어 두면 다른 플랫폼으로 확장하기는 쉽다. 그러므로 처음에 SNS 계정의 콘셉트와 콘텐츠의 방향성을 잘 정하는 것이 가장 중요하다.

14

협찬 및 유료광고 실현하는 실전 노하우

SNS 인플루언서 계정을 보다 보면 "어떻게 저런 상품들을 협찬받을 수 있을까?" 하는 궁금증이 생길 것이다.

일반인이라면 자신이 직접 결제해 사야 하는 물건이지만 인플루언서는 무료로 제공받고 심지어 광고비까지 받는다. 이 얼마나 부러운 삶인가?

실제로 인플루언서들의 집 앞에는 택배 박스가 수십 개씩 쌓여 있다. 브랜드사에서 보내주는 제품들이 대부분이다. 지출하는 생활비도 줄어들고, 원고료로 받는 추가 수익도 있으니, 최고의 직업이라는 말이 저절로 나온다.

내가 본격적으로 인스타그램 인플루언서 활동을 시작한 것은 약 2년 전이다. 골프를 시작했는데, 골프 웨어가 너무 비싸서 좀 저렴하게 살 수 없는지 찾아보고 있었다. 그러다 우연히 골프 인플루언서로 활동하는 친구들을 알게 되었는데, 비싼 골프복과 골프용품을 무료로 받는다고 했다. 인플루언서의 세상을 처음 알게 되었고, 그때부터 본격적으로 내 SNS 계정을 수익화 계정으로 바꾸려고 노력했다. 나는 대학에서도 광고홍보학을 전공했고, 회사에서도 10년 넘게 기획자로 일하고 있었기 때문에 다른 사람들에 비해 굉장히 빠르게 SNS 계정을 키울 수 있었다. 그 과정에서 내가 스스로 깨달은 노하우는 다음과 같다.

1. 내돈내산으로 깔아두기

SNS 계정을 처음 운영할 때는 당연히 협찬 광고가 들어오지 않는다. 그래서 추후에 광고주가 내 계정을 보고 상품을 협찬해 주고 싶도록 콘텐츠를 만들어야 한다. 항상 광고주의 관점에서 생각하고 콘텐츠를 업로드한다. 객관적으로 봤을 때 자신의 계정에 상품 광고를 의뢰하고 싶은지 판단해 봐야 한다. 우선 자신이 협찬 받고 싶은 카테고리의 상품 피드를 정성스럽게 만들어서 깔아둔다. 예를 들어, 옷을 협찬받고 싶다면 계속해서 패션과 관련된 피드를 올리는 것이다. 이때는 자신이 갖고 있는 상품이나 직접 내돈내산 상품들로 콘텐츠를 제작할 수밖에 없다. 내 경우에는 처음에 골프복과 골프용품을 협찬받고 싶었기 때문에 골프와 관련된 콘텐츠를 계속 업로드했다. 골프복의 경우 너무 비싸서, 골프복 대여 플랫폼에서 빌려 입고 촬영해 콘텐츠를 업로드했다.

여기서 한 가지 실전 팁을 주자면 내돈내산 제품이지만 전략적으로 '협찬'이라는 태그를 달아두는 경우도 있다. 왜냐하면 협찬 광고가 들어오는 활성화된 계정으로 보이기 위해서이다. 이렇게 해두면 비슷한 카테고리 상품에서 협찬 문의가 들어올 수 있다. 또한, 해당 상품에 공식 인스타그램 계정이 있다면, 그 계정을 태그해서 언급해 주는 것이 좋다. 이 경우 공식 계정을 운영하는 담당자가 당신의 계정을 발견하게 될 수 있는데, 콘텐츠가 좋으면 실제로 상품을 먼저 협찬 제안해 주는 기회가 생길 수도 있기 때문이다.

2. 체험단 리뷰

블로그를 오랫동안 운영한 사람들은 '체험단' 서비스에 익숙할 것이다. 체험단은 음식이나 서비스 등을 무상으로 제공받고, 리뷰를 작성해 준다. 최근에는 체험단 서비스를 운영하는 기업들이 인플루언서와 브랜드사를 연결해 주는 체계적인 플랫폼으로 진화했다. 체험단 사이트로 가장 유명한 업체는 레뷰, 리뷰노트, 강남맛집, 리뷰플레이스, 디너의 여왕 등이 있다. 본인이 SNS를 잘 운영하고 있다면, 원하는 상품이나 서비스를 무상으로 지원받을 수 있다. 계속해서 내돈내산으로 콘텐츠를 생산하기에는 한계가 있으므로 체험단 리뷰를 잘 활용하면 좋다. 예를 들어, 맛집 추천 콘텐츠로 SNS 계정을 시작했다고 가정해 보자. 초반에는 가게에 가서 내돈내산으로 음식을 사 먹고, 콘텐츠도 제작해야 한다. 그러나 매번 이렇게 콘텐츠를 제작하게 되면 비용이 부담되어 콘텐츠 제작을 지속하기가 쉽지 않다. 이럴 때 바로 체험단 리뷰를 활용하는 것이다. 무상으로 음식을 제공받고, 계속해서 리뷰를 써보면서 본인의 콘텐츠 제작 스킬을 늘려갈 수 있다. 체험단 리뷰도 크리에이터의 파급력에 따라 원고료를 지급하는 곳도 있다. 꾸준히 체험단 리뷰를 잘 활용하면 자신의 블로그, 인스타그램을 성장시키는 데 큰 도움이 될 수 있다.

3. 역제안

자신의 SNS 계정이 어느 정도 자리가 잡혔다고 생각하면 이제 역제안을 고려해 보자. 역제안이란 브랜드사에 직접 협찬 광고를 달라고 제안하는 것이다. 자신이 협찬받고 싶은 브랜드 공식 계정에 직접 연락해 정중하고 믿음직스럽게 제안해 보자. 마치 입사하고 싶은 회사에 이력서를 쓰듯이 정성스럽게 제안하는 연습을 해본다. 특히, 기존에 다른 인플루언서들이 '협찬'이라는 태그를 붙인 곳이라면 협찬받을 가능성이 높다. 역제안 메시지에는 정중한 인사말과 자기소개, 브랜드 칭찬, 협찬 제안, 자신이 제공할 수 있는 콘텐츠, 자신의 콘텐츠 레퍼런스 등을 포함하도록 한다.

역제안 메시지 예시

안녕하세요, ○○○ 브랜드 담당자님!

저는 현재 오피스룩 패션을 소개하는 SNS를 운영하고 있습니다. ○○○ 브랜드는 오피스룩을 대표하는 브랜드이자, 고급스럽고 유니크한 매력을 갖고 있는 옷들이 많아 평소에도 제가 정말 좋아하던 브랜드입니다. 제 SNS 계정 분위기와 잘 맞는 것 같아 꼭 한 번 콘텐츠를 제작해 보고 싶어 용기 내어 연락드려 봅니다.

혹시 저에게 ○○○ 브랜드 제품을 협찬해 주실 수 있을까요?! 협찬해 주신다면 최선을 다해 브랜드의 강점이 부각될 수 있는 매력적인 콘텐츠를 제작해 보겠습니다. 제품 수령 2주 이내로 피드 2개, 릴스 1개 제작을 약속드리고, 원본도 모두 제공해 드리겠습니다.

제가 지금까지 제작했던 콘텐츠의 레퍼런스 링크를 공유해 드립니다. 오피스룩과 데이트룩 비교 릴스는 조회수 27만 회까지 나올 정도로 반응이 좋았습니다. 보시고 꼭 긍정적인 검토 부탁드립니다! 좋은 기회 주시면 좋은 콘텐츠로 꼭 보답하겠습니다. 감사합니다.

(+레퍼런스 링크 추가)

15
인스타그램 피드 구성 꿀팁

이제 본격적으로 인스타그램의 피드를 어떻게 구성하면 좋을지, 그 꿀팁을 소개해 보겠다.

만약 책을 읽거나 어떤 콘텐츠를 소비할 때 관심을 갖고 계속 보려면 어떤 요소가 가장 중요할까? 바로 '가독성'이다. 인스타그램 피드는 휴대폰의 해상도에 따라 조금씩 차이는 있겠지만 가로 3열, 세로 3열 총 9개 정도의 콘텐츠를 한눈에 볼 수 있다. 그렇다 보니 첫 장 이미지의 배열로도 계정의 퀄리티를 높일 수 있다. 대부분의 인플루언서 SNS 계정을 보면 잡지처럼 컬러나 무드가 깔끔하게 통일되어 있는 것을 쉽게 볼 수 있다. 그래서 섬네일 격인 이미지의 첫 장을 선택하는데,

몇 시간을 사용하기도 한다.

관리가 잘된 계정은 사진 자체의 퀄리티도 매우 높고, 피드의 배열도 전략적으로 구성되어 있다. 그렇다 보니 사진 촬영과 보정에 자신이 있고, 디자인 감각이 있다면 피드를 구성하는 데 큰 도움이 된다. 피드 구성의 가장 중요한 점은 통일감 있는 사진의 무드와 배열 순서이다. 광고주가 당신의 SNS 계정을 봤을 때 매력적이라고 느낄 수 있는 상태여야 한다.

만약 스스로 사진을 배열하는 것이 쉽지 않다면 경쟁자의 계정을 벤치마킹해 보자. 자신이 따라 하고 싶은 계정을 찾아서 피드의 배열 패턴을 파악한다. 예를 들어, 인물 사진 양옆에 깔끔한 배경의 사물을 배열하는 패턴이 있다. 이 경우 깔끔한 배경 덕분에 사람이 더 돋보이고, 이미지가 복잡해 보이지 않도록 밸런스를 잡아주는 역할을 한다. 정보성 릴스를 위주로 업로드하는 계정의 경우 타이틀 제목의 위치와 폰트를 맞춰서 동일하게 배열하는 경우가 많다. 이 역시 팔로워들에게 콘텐츠의 가독성을 높여 클릭을 유발하기 위한 전략이다. 자신의 콘셉트와 같은 경쟁자 계정의 콘텐츠 피드 배열을 계속 따라해 보면 점차 자기만의 스타일을 찾아갈 수 있다.

인스타그램에서 사진을 업로드하면 최신 사진이 가장 앞으로 온다. 그렇기 때문에 그전에 업로드한 사진들이 뒤로 밀린다는 것을 염두하고 콘텐츠를 업로드해야 한다. 나는 이것을 '피드 플랜'이라고 부른다. 프리뷰(Preview) 앱이나 파워포인트 등 본인이 편한 도구를 사용해서 미리 사진을 배열해 보는 연습을 해보자. 처음에는 피드를 구성했을 때의 모습을 상상하기가 쉽지 않다. 그래서 미리 사진들을 붙여서 확인해 보고 순서대로 업로드하는 것을 추천한다.

■ 인스타그램에서 사진을 업로드하면 최신 사진이 가장 앞으로 온다.

■ 필자가 운영하는 인스타그램 계정의 피드 구성

내가 아는 어떤 패션 인플루언서는 휴대폰에 보이는 9장 이상의 사진을 미리 배열해 보고, 컬러 톤과 스토리까지 맞춰서 콘텐츠를 업로드한다. 예를 들어, 한 줄의 톤이 블랙이라면 옷이 블랙인 사진, 배경이 블랙인 사진, 가방이 블랙인 사진 등 3가지를 모아 한 줄에 배열하는 것이다. 이분은 사진 배열 순서를 정하느라 하루종일 고민할 정도로 예민하다. 나는 처음에 왜 그렇게까지 집착하는지 이해하지 못했다. 그런데 계속 지켜보니까 그러한 섬세한 노력들이 쌓여 피드 퀄리티가 거의 완벽할 정도로 개선된다는 것을 깨닫게 되었다. 그녀의 감각을 좋아하는 팔로워들이 점점 늘어났고, 현재 20만 명이 넘는 팔로워를 보유하고 있다. SNS 계정도 고급스럽게 잘 포지셔닝되어, 호텔이나 수입차 행사 등 VIP들이 초대받는 행사에 참석한다. 제품이 저가이냐 고가이냐는 '디테일'에 차이가 있다. 별거 아닌 것 같지만 이러한 차이에 신경 쓰다 보면 그 결과물이 달라질 수 있다.

꼭 사진의 분위기와 컬러만 중요한 것은 아니다. 만약 정보를 제공하는 콘텐츠를 만들고 있다면 공통적인 형태의 섬네일을 만들면 된다. 텍스트 크기나 컬러가 중구난방인 콘텐츠보다는 동일한 패턴으로 나열된 콘텐츠가 더 신뢰감을 얻을 수 있다. 여기서 중요한 점은 누군가 당신의 SNS 계정에 들어왔을 때 신뢰를 줄 수 있어야 한다는 것이다. 이 계정이 잘 관리되고 있다고 느끼게 해야만 광고주들과 팔로워들에게 신뢰를 얻고 수익화로 연결할 수 있다.

(실전 노하우 TIP)

인스타그램에 자신을 노출하는 경우 과도한 보정 어플 사용을 지양하자. 보정 어플로 촬영하게 되면 화질이 떨어지기 때문에 사진의 퀄리티가 떨어지고 전문성도 떨어져 보인다. 보정이 필요한 경우라면 기본 카메라로 우선 촬영 후 후보정하는 것을 추천한다. 사진 촬영을 잘하고 싶은 경우에는 유튜브 등을 통해 사진의 가장 기본적인 구도 등에 대해 가볍게 스터디해 보기를 추천한다. 피드를 제작하는 데 도움이 되는 서비스 몇 개를 추천해 보겠다.

1. 캔바(Canva)

SNS 계정 운영자 또는 마케터에게 꼭 추천하고 싶

은 앱이다. 과거에는 배너 및 섬네일 제작을 디자이너에게 맡겨야 했는데, 배너 제작이나 섬네일 제작 등을 직접 쉽게 해볼 수 있는 서비스이다. 기본 포맷이 있고, 거기에 자신이 원하는 사진이나 문구만 넣으면 수준 높은 결과물을 받아볼 수 있다.

2. 피크닉(PICNIC)
야외에서 꼭 촬영해야 하는데 먹구름이 끼거나 날씨가 어두울 때 사용하는 앱이다. 먹구름이 잔뜩 낀 하늘도 맑은 날씨의 하늘로 바꿔주기 때문에 급할 때 사용하기 좋다.

16
릴스는 어떻게 만들어야 할까?

인스타그램 계정을 운영하는 사람이라면 릴스가 중요하다는 것은 당연히 알고 있을 것이다.

그렇다면 릴스가 왜 이렇게 중요한 것일까? 릴스 탭에서 노출되는 콘텐츠들은 대부분 내가 아직 팔로우하지 않는 계정의 콘텐츠들이다. 나와 직접적인 관계가 없는 사람들의 콘텐츠가 노출된다는 것은 반대로 나의 콘텐츠도 전혀 모르는 사람들에게 노출될 수 있다는 것을 의미한다. 인스타그램을 사용하는 불특정 다수의 사람들에게 내 계정이 노출될 수 있는 것이다. 모든 마케팅의 기본은 '노출'이다. 사람들의 눈에 띄어야 관심을 받고 나의 팔로워를 늘릴 수 있다. 그렇기 때문에 내 콘텐츠에 흥미를 느끼는 사람들을 위한 콘텐츠를 제작하기 위해 노력해야 한다.

최근에 숏폼의 인기가 높아지면서, 인스타그램에서도 단순 사진보다는 숏폼 영상인 '릴스'를 알고리즘에서 좀 더 노출되도록 밀어주고 있다. 돈이 되는 SNS 계정을 만들려면 릴스를 꼭 제작해야 한다.

릴스를 제작해 보면 알겠지만 사진으로 피드를 업로드하는 것보다 난이도가 높다. 이제 단순히 영상을 촬영해 업로드하는 수준으로는 이제 사람들의 관심을 끌기 어렵다. 요즘은 텍스트로 설명을 추가하거나 목소리까지 더빙해 퀄리티 높은 영상을 업로드하는 사람들이 많아졌기 때문이다. SNS가 확산되면서 점점 그 수준은 높아질 것이다. 가장 중요한 것은 '좋은 콘텐츠'를 만드는 것에 집중해야 한다는 것이다. 다양한 마케팅 기법이 있겠지만, 항상 이 본질은 변하지 않는다.

인스타그램에서 '좋은 콘텐츠'란 무엇일까? 인스타그램 공식 블로그에서는 "사용자가 그 영상을 다시 공유하고, 끝까지 시청하며, '좋아요'를 누르거나 영상에 사용된 오디오 페이지로 이동할 가능성을 높인 콘텐츠"라고 설명하고 있다. 즉, 우리는 사람들이 어떻게 하면 이 영상을 더 많이 공유하고, 끝까지 시청하며 '좋아요' 등의 반응을 유도할 수 있을지를 생각해야 한다. 인스타그램에서 좋은 콘텐츠로 인식되면 알고리즘의 혜택을 받고 많은 사람들에게 노출될 수 있다. 다음은 릴스 콘텐츠를 제작할 때 꼭 염두에 두어야 하는 중요한 내용이다.

1. 3초 후킹

후킹(Hooking)이란 고객의 마음을 낚아챈다는 의미로 마케팅과 광고에서 많이 사용하는 단어이다. 요즘 사람들은 숏폼에 주의를 기울이는 시간이 더 짧아지고 있어서, 약 3초 내에 관심을 끌지 못하면 곧장 이탈해버린다. 그래서 맨 앞부분에 후킹할 수 있는 문장이나 자극적인 화면 등을 사용하는 경우가 많은 것이다. 릴스는 약 15~30초 정도의 짧은 동영상으로 지루하지 않게 제작해야 하는데, 영상 초반 3초 내에 자신의 콘텐츠가 어떤 주제인지를 잘 드러내야 한다. 3초 내에 후킹하지 못하면 사람들이 이탈하게 되고, 결국 그 릴스는 좋은 반응을 끌어내기가 어렵다. 특히 '부정적인' 내용이 긍정적인 내용보다 더 주목받는 경우가 많다. 너무 자극적으로 어그로만 끌기 위해 사용하면 안 되겠지만 적절하게 부정적인 내용으로 후킹하면 더 많은 사람들이 관심을 갖는다. 예를 들어, '매일 운동하는 것은 건강에 도움이 되지 않습니다. 시간 낭비하지 말고 이 루틴만 따라해 보세요'라고 기존의 상식을 틀어주는 것이다.

■ 릴스 영상 기획 프로세스

다음은 릴스에서 많이 사용되는 후킹 제목의 예시다. 섬네일에 제목도 함께 노출해 클릭을 유발하고, 3초 내에 가장 중요한 정보를 자극적으로 강조해서 시청 시간을 늘려보는 연습을 해보자.

후킹 제목 예시

1) 내가 만약 ○○살로 돌아간다면 무조건 할 ○○가지

2) 무조건 ○○할 방법 ○○가지

3) ○○ 동안 매일 ○○해 보니 바뀐 ○○가지

4) 의외로 사람들이 모르는 ○○ 하는 방법 ○가지

5) ○○하지 않고도 ○○할 방법

6) 아무도 알려주지 않는 ○○하 는 방법

7) 설마 아직도 ○○하고 있나요?

8) 가난한 사람들은 모르는 부자 들이 ○○하는 방법

9) 요즘 ○○에서 난리 난 ○○하 는 방법

10) ○○하기 Before & After

■ 좋은 후킹 제목의 예시

2. 자기만족이 아니라 다수를 위한 콘텐츠

대부분의 초보 크리에이터가 실수하는 것 중 하나 는 바로 콘텐츠를 '본인 위주'로 만드는 것이다. 예를 들 어, 많은 사람들이 브이로그로 자신의 일상을 공유하는 콘텐츠로 시작하는 경우가 많다. 대부분의 사람들은 브 이로그로 성공하지 못하는데, 자기만족을 위한 영상을 제작하는 경우가 많기 때문이다. 사람들은 자신의 삶을 살아내기도 바쁜데 굳이 남의 시시콜콜한 일상을 보고 싶어 하지 않는다. '그냥 릴스 한 번 만들어 볼까?' 하는 가벼운 마음으로 취미 삼아 콘텐츠를 제작하는 것은 크게 상관없다. 다만, 돈을 벌기 위해 SNS 계정을 운영하는 경우라면 완전히 다르다. 자신이 제작한 콘텐츠에는 명확한 목적과 정보가 있어야 한다. 예를 들어, 영상 속에 나오는 장소, 입고 있는 옷에 대한 정보를 추가로 이야기해 주는 것이다. 즉, 사람들이 이 영상을 봐야 하는 이유를 명확하게 만들어줘야만 좋은 콘텐츠가 될 확률이 높아진다. 그러니 나만 만족하는 콘텐츠가 아니라 내 콘텐츠를 보는 사람들을 위한 영상을 만들자.

3. 보기 편하고 트렌디한 콘텐츠

아무리 좋은 정보가 담긴 영상이라고 해도, 가독성이 떨어지거나 편집 수준이 낮으면 오랫동안 시청하기가 어렵다. 영상 편집에 대한 감각이 있으면 금방 잘 따라 하지만, 영상 제작을 처음 접해 보는 사람들에게는 어려운 난관일 수 있다. 릴스 영상의 콘셉트는 다양하지만 가장 중요한 것은 보기 편해야 한다. 예를 들어,

너무 현란한 영상 효과를 넣으면 눈이 아프고 어지러워 오래 보기가 어렵다. 릴스 초보자라면 영상은 최대한 심플하고 깔끔하게 편집해 보자.

릴스에 음악을 넣을 때는 '트렌딩 오디오'를 활용하자. 트렌딩 오디오는 사람들이 현재 가장 많이 릴스 제작에 사용 중인 음악이다. 릴스 탭에서 자주 보이는 콘텐츠 중에 조회수와 공유가 높은 콘텐츠에 사용된 오디오를 사용해 보면 된다. 예를 들어, '마라탕후루'나 '홍박사님을 아세요'와 같은 노래들은 릴스에서 폭발적인 인기를 끌었던 오디오이다. 이런 오디오를 함께 사용하게 되면 알고리즘을 통해 다른 사람들에게 자신의 릴스가 노출될 확률이 높아진다. 숏폼은 특히나 트렌드에 민감하기 때문에 현재 잘되고 있는 것을 빠르게 따라 하는 것만으로도 어느 정도 효과를 볼 수 있다.

4. 넓은 주제의 콘텐츠 제작

많은 사람들이 기존에 없는 틈새시장을 공략하겠다고 좁은 타깃을 주제로 하는 콘텐츠를 제작하려 한다. 예를 들어, 헬스 트레이너를 대상으로 하는 전문성 있는 콘텐츠를 제작하게 되면, 해당 콘텐츠는 헬스 트레이너들만 보기 때문에 조회수가 매우 적을 수밖에 없다. 나도 처음에는 골프 콘텐츠가 메인이라서 골프 콘텐츠를 많이 업로드했다. 그런데 코로나 이후에 경기가 악화되면서 골프 인구도 점점 줄고 산업의 거품이 꺼지면서 타깃을 변경해야겠다는 생각이 들었다. 그래서 내가 10년 넘게 회사 생활을 하고 있는 직장인이라는 점을 살려서, 좀 더 넓게 '직장인'을 타깃으로 하는 콘텐츠를 만들기 시작했다. 직장인 자기계발로 계정 콘셉트를 바꿔보니 골프, 패션, 뷰티, 독서, 재테크 정보 등 다양한 주제를 다룰 수 있어서 좋았다. 특정 주제에 갇혀서 콘텐츠를 제작하는 것보다 직장인들의 공감을 얻고, 호기심을 유발할 수 있는 다양한 콘텐츠를 만드는 것이 더 수월했기 때문이다. 같은 직장인이 추천해 주는 상품이나 정보들을 접했을 때 거부감이 덜하고, 날마다 업데이트하는 뉴스를 보며 내 계정을 신뢰하는 직장인들이 많아졌다. 심지어 매일 그 뉴스를 보기 위해 내 계정에 들어오는 사람들도 점차 늘어났다.

[실전 노하우 TIP]

최근에 크리에이터들이 가장 많이 사용하는 영상 편집 앱으로는 '캡컷(Capcut), 블로(VLLO)' 등이 있다. 나는 캡컷을 무료로 사용하다가 더 많은 편집 효과를 사용하고 싶어서 유료로 가입을 했다. 캡컷에는 다양한 효과들이 있는데 유튜브에서 캡컷을 검색해 보면 활용할 수 있는 창의적인 아이디어들이 많다.

인기 많은 릴스를 벤치마킹하기 위해서는 '숏부스트(Shortboost)' 사이트를 참고하자. 예전에는 실제로 모든 릴스를 탐색하면서 아이디어를 얻어야 했지만, 숏부스트에서는 현재 가장 인기 많은 릴스 영상만 확인할 수 있다. 자신의 카테고리와 부합하는 콘텐츠 중에 가장 인기 많은 영상들을 벤치마킹해 보자.

17
인스타그램 스토리 운영 노하우

인스타그램 스토리는 업로드 후 24시간만 보이는 휘발성 콘텐츠이다. 업로드하고 곧 사라지는 콘텐츠이기 때문에 피드나 릴스에 비해 스토리에 비중을 두지 않는 경우가 많다.

하지만 스토리를 잘 활용하면 자신의 팔로워들과 더 잘 소통하고 신뢰감을 형성할 수 있으므로 장점이 많다. 나는 인스타그램 스토리를 최대한 활용하려는 편이고, 생각보다 그 효과도 좋았다. 그래서 SNS 운영 시 스토리 기능을 적극적으로 활용하라고 추천하고 싶다.

스토리 운영에서 가장 중요한 것은 팔로워와의 소통이다. 최근에는 스토리에 설문, 투표, 링크 연결 등 다양한 기능들이 생겨서 팔로워들의 참여를 유도할 수 있는 도구들이 많아졌다. 이러한 도구들을 활용해 지속적으로 팔로워들과 소통하면 내 계정에 대한 신뢰도가 높아진다. 자신이 방금 피드에 업로드한 콘텐츠를 스토리에 공유했을 때 사람들이 새로운 업데이트를 인지하고, 콘텐츠에 대한 유입과 관심이 높아지기도 한다. 하지만 단순히 콘텐츠의 '재공유'만 하게 되면 사람들이 점차 흥미를 잃고, 내 계정의 스토리를 더 이상 보지 않는다. 그렇기 때문에 내 스토리에 유입할 명확한 이유도 만들어줘야 한다. 예를 들어, 피드와 릴스에서는 볼 수 없었던 정보라던지, 화려한 모습과는 다른 털털한 모습 등의 콘텐츠를 업로드하는 것이다. 스토리는 내가 팔로워들에게 조금 더 친근하게 다가갈 수 있는 채널이라고 생각하고 운영하면 좋다. 다음은 내가 인스타그램 스토리를 운영하면서 깨달은 노하우들이다.

1. 스토리 채널에서만 볼 수 있는 정보 제공

사람들로 하여금 계속 그 콘텐츠를 보게 하는 가장 강력한 무기는 바로 '유익함'이다. 인간은 자신에게 유익하고 좋은 정보라고 생각되면 계속해서 그것에 관심을 두게 된다. 사람들이 피드와 릴스가 아닌 '스토리' 채널에서만 볼 수 있는 정보가 있다면 계속 스토리에 유입해서 볼 확률이 높다.

예를 들어, 나는 매일 아침 뉴스 클리핑을 한다. 그중 가장 중요하다고 생각되는 이슈들을 추려서 쉽고 간단하게 정리한 후 내 스토리에 업로드한다. 사실 처음에는 사람들에게 별다른 반응을 얻지 못했다. 원래 골프와 패션에 특화된 SNS 계정이었기 때문에 엉뚱한 내용이 스토리에 업데이트된다고 생각하는 사람도 많았다. 하지만 이 뉴스 콘텐츠를 하루도 빠짐없이 약 6개월간 지속했더니 내 스토리에 들어오면 매일 아침 뉴스를 볼 수 있다는 것을 팔로워들이 인지하고 반응하기 시작했다. 이슈 내용에 대해 DM으로 질문하는 사람도 생겼고, 내 스토리에 '공감' 버튼을 누르는 팔로워들이 많아졌다. 나의 계정에 '자기계발' 콘셉트를 추가하면서 이 콘텐츠를 시작했는데, 내가 원했던 타깃들이 점점 내 계정으로 유입되는 것을 느꼈다. 결국 일관성 있는 콘텐츠를 꾸준히 제공해 신뢰감을 높였고, 결국 '강의'라는 수익화 모델로 연결시킬 수 있었다. 이것은 철

저하게 스토리 채널에 대해서도 '전략'을 세우고 시작했기 때문에 이루어낸 성과이다.

2. 팔로워들의 액션 유발 도구 적극 활용

인스타그램 스토리에는 설문, 태그, 음악, 카운트다운, 링크, 해시태그, 공감 등 다양한 기능들이 있다. 피드나 릴스에서 해볼 수 있는 기능보다 훨씬 많기 때문에 스토리에서 적극 활용해 보기를 추천한다. 이 기능들을 활용하면 팔로워들로부터 CTA(Call To Action)를 이끌어낼 수 있다. 마케팅에서 CTA란 사용자의 반응을 유도하는 행위 혹은 요소를 의미한다. 예를 들어, 당신이 밀키트를 판매하는 쇼핑몰을 운영하고 인스타그램 팔로워들에게 홍보하고 싶다고 해보자. 이 경우 자신이 맛있게 음식을 요리하고 먹는 생생한 장면을 영상으로 촬영해 스토리에 업로드한다. 그리고 이 밀키트를 구매할 수 있는 링크를 연결하면 되는 것이다. 피드와 릴스에서는 외부 링크로 직접 연결시키는 기능이 없기 때문에 스토리를 적극 활용하면 좋다. 또한, 인스타그램 외에 운영 중인 블로그나 유튜브가 있을 때도 적극적으로 링크 기능을 사용해 볼 수 있다.

설문 기능을 이용하게 되면 해당 콘텐츠를 보고 있는 팔로워가 크리에이터와 직접 소통하는 기분을 느끼게 되고, 좀 더 친밀감을 쌓을 수 있다. 일방향으로 소통하는 것이 아니라 쌍방향으로 소통하는 기분을 느끼게 되기 때문이다. 그러면 해당 크리에이터에 대한 호감도가 상승하고 더 자주 방문하고 싶은 마음이 생긴다.

3. 스토리 공감 버튼 활용

다른 사람의 스토리에 들어가 보면 우측 하단에 하트 버튼이 있다. 이 하트 버튼을 누르면 상대방의 계정에서 스토리 조회자 상단에 내 계정이 노출된다. 대부분의 사람들은 자신의 스토리를 누가 보고, 공감을 눌렀는지 확인한다. 그럴 때 상단에 지속적으로 노출되는 계정이 있으면 궁금해지고, 그 계정을 자연스럽게 들어가 보게 된다. 그러므로 처음에 계정을 키울 때에는 팔로워들과 관계를 돈독히 하기 위해 스토리도 자주 들어가 보고, 공감 버튼도 눌러주는 것을 추천한다.

18
인스타그램 알고리즘 활용하기

인스타그램을 하는 많은 사람들이 가장 궁금해하는 것은 사람들에게 잘 노출되는 '알고리즘'이다.

우선 인스타그램의 알고리즘을 우리가 100% 알 수 없다는 것을 인정하자. 이것은 인스타그램의 특정 개발자와 임원들만 인지할 수 있는 정보일 것이다. 요즘 인스타그램에 대해 교육하는 사람도 많고, 많은 사람들이 알고리즘에 대해 다양하게 추측하기는 하지만 그것이 실제로 어떠한지는 알 수 없다. 우리가 믿어야 할 정보는 인스타그램 공식 블로그에서 공지한 내용뿐이다. 물론 자신의 노하우로 깨닫는 것들도 있겠지만, 이외에는 인스타그램의 공식 발표 내용만 믿는 것이 좋다.

인스타그램 공식 블로그에서 CEO 아담 모세리는 "절대적 알고리즘은 없다"라고 밝혔다. 콘텐츠를 노출할 수 있는 절대적인 알고리즘이 없다는 것이다. 특히나 인스타그램의 알고리즘은 트렌드에 따라 시시각각 변화하기 때문에 알고리즘에 대해 열심히 연구해도 당신의 콘텐츠 조회수나 팔로워가 늘지는 않을 것이다.

또한 "피드, 스토리, 탐색, 릴스, 검색 등은 각각 다른 알고리즘으로 작동한다"라고 밝혔다. 이들은 각각 다른 목적을 가진 기능이기 때문이다. 예를 들어, 스토리에서는 친한 친구들의 게시물을 보고 싶어 하고, 탐색 탭에서는 새로운 콘텐츠와 크리에이터들을 발견하고 싶어 한다. 인스타그램은 이러한 특성에 따라 콘텐츠 노출 순위 지정 알고리즘을 서로 다른 방식으로 적용한다고 한다.

우리는 인스타그램이 공식적으로 발표한 내용에 대해서만 인지하고, 어떤 것에 집중하여 콘텐츠를 제작하고 운영할지 연구하면 된다. 본질적으로 가장 중요한 것은 '콘텐츠'이다. 내용이 좋아야만 사람들이 계속 유입되고, 광고 및 협찬을 받거나 원하는 상품을 판매할 수 있다. 다만, 기능별로 다른 알고리즘을 잘 이해하고 활용하면 SNS 계정을 키우는 데 도움이 되기 때문에 알아두는 것이 좋다. 다음 내용은 인스타그램에서 공식적으로 밝힌 내용이다.

1. 피드 알고리즘 활용

'피드'는 인스타그램을 켰을 때 가장 먼저 나오는 페이지이다. 피드에서는 자신의 팔로워들과 내 계정에 좋아요, 댓글 등을 남겼던 사람들에게 먼저 내 게시물이 노출된다. 또한 나를 팔로우하지는 않지만 내 콘텐츠에 관심을 가질 만한 사람들에게도 내 게시물을 노출시킨다.

피드에서 가장 중요한 것은 내 게시물에 대한 사람들의 반응이다. 반응이 좋으면 좋을수록 내 게시물이 더 많이 노출된다고 생각하면 된다. 관심사를 기반으로 게시물을 노출해 주기는 하지만 대부분의 사람들이 피드에 나온 게시물을 모두 확인하는 것도 아니고 전부 반응해 주지도 않는다. 피드 알고리즘에서 중요하게 생각하는 '반응'은 다음과 같다. 이 '반응'을 유도할 방법을 최우선으로 고민하고 콘텐츠를 제작해 보자.

- 활동: 좋아요, 공유, 저장, 댓글을 남긴 게시물을 통해 '관심사' 파악
- 게시물에 대한 정보: 게시물의 인기도와 콘텐츠의 게시 시간, 연결 위치 등
- 게시한 사람에 대한 정보: 지난 몇 주간 팔로워들이 게시자에게 반응을 보인 횟수 등
- 다른 사람에게 반응을 보인 내역: 팔로워가 특정인이 올린 게시물을 보는 데 얼마나 많은 관심을 보이는지 짐작. 예를 들어, 서로의 게시물에 댓글을 남기는지 여부 등이 해당

2. 릴스 알고리즘 활용

현재 인스타그램에서 가장 중요한 것은 '릴스 탭'이다. 릴스 탭의 대부분은 내가 아직 팔로우하지 않는 계정의 콘텐츠가 노출된다. 그러므로 아직 나를 팔로우하지 않았지만 내 콘텐츠에 관심을 가질 만한 사람들을 위한 콘텐츠를 제작하도록 노력해야 한다.

릴스 노출 알고리즘의 가장 중요한 요소는 '릴스의 공유, 시청 시간, 좋아요 횟수, 오디오 페이지로 이동할 가능성'이라고 한다. 즉, 자신의 릴스가 많은 사람들에

게 공유되고, 끝까지 시청할 수 있도록 좋은 콘텐츠를 만들어야 한다. 사람들이 내가 제작한 릴스에 '좋아요'를 누르고 댓글, 공유, 저장을 할 만한 콘텐츠인지 냉정하게 생각해 보자. 나만 좋아하는 자기만족을 위한 콘텐츠가 되어서는 안 된다.

릴스 알고리즘에서 중요한 것은 콘텐츠 가이드라인을 위반하지 말아야 한다는 것이다. 가이드라인을 위반하는 경우에는 릴스를 덜 노출시키겠다고 공식적으로 발표했기 때문에 이 점에 반드시 유의해 제작해야 한다. 릴스에서 자체적으로 덜 노출시키겠다고 밝힌 콘텐츠는 다음과 같다.

- 이미 인스타그램에 게시된 적이 있는 릴스
- 정치적인 이슈에 초점을 둔 릴스
- 해상도가 낮거나 워터마크가 표시된 릴스
- 숨김 처리가 되었거나 외곽선이 포함된 릴스
- 대부분이 텍스트인 릴스

3. 탐색 탭 알고리즘 활용

인스타그램에서 돋보기 모양을 누르면 '탐색' 기능을 사용할 수 있다. 탐색 탭은 새로운 콘텐츠를 발견하거나 이전에 내가 반응을 보였던 게시물과 비슷한 콘텐츠를 노출해 주는 공간이다. 최근에는 서로의 관심사를 파악하기 위해 인스타그램의 탐색 탭에 들어가서 서로 보여주는 것이 유행하고 있다.

탐색 탭의 알고리즘도 결국 자신의 게시물에 대해 사람들이 어떻게 반응했는지를 측정하여 적용된다. 가장 중요한 것은 내가 업로드한 콘텐츠에 사람들이 얼마나 빠르게 좋아요, 댓글, 공유, 저장을 하는 등의 반응을 보이느냐이다. 이러한 이유로 콘텐츠를 업로드하는 시간대가 중요해지는 것이다. 사람들이 가장 활발하게 활동하는 시간에 콘텐츠를 업로드해야 사람들에게 빠른 반응을 얻을 수 있기 때문이다. 예를 들어, 인스타그램을 가장 많이 사용할 만한 점심시간과 퇴근시간에 업로드한 게시물이 새벽 3시에 업로드한 게시물보다 더 좋은 반응을 얻기 좋다. 다음은 탐색 탭에서 중요하게 생각하는 알고리즘 내용이다.

-게시물에 대한 정보: 다른 사람들이 얼마나 많이 빠르게 좋아요, 댓글, 공유, 저장 등을 하는지 파악. 이 정보는 피드나 스토리보다 탐색 탭에서 훨씬 중요함.

-탐색 탭 내 활동: 내 게시물 중 어떤 게시물에 많이 반응했는지 파악한 후 유사한 콘텐츠를 더 많이 표시함.

4. 스토리 알고리즘 활용

인스타그램 스토리는 내가 팔로우하고 있는 사람들의 스토리가 표시된다. 스토리를 업로드할 때 내 스토리를 조회하는 빈도와 참여 내역이 많을수록 더 많은 팔로워에게 노출될 수 있다. 결국 스토리 채널 역시 사람들의 흥미를 이끌 수 있는 콘텐츠를 업로드하는 것이 좋다. 팔로워들이 나에 대해 호감을 느끼게 하거나 내가 판매하려는 상품에 대해 궁금해할 수 있도록 지속적인 커뮤니케이션의 채널로 스토리를 활용해 보도록 하자. 사람들이 내 스토리를 많이 보고, 좋은 반응을 많이 보일 수록 내 스토리가 더 많은 팔로워들에게 노출될 수 있을 것이다. 스토리의 노출 알고리즘은 다음과 같다.

-조회 내역: 해당 계정의 스토리를 조회하는 빈도

　-참여 내역: '좋아요'를 누르거나 DM을 보내는 등 스토리에 참여하는 빈도

　-친밀감: 대체로 작성자와 어떤 관계를 맺고 있는지 친밀도를 파악

　인스타그램의 알고리즘을 잘 활용한다면 좀 더 유리하게 SNS 계정을 운영할 수 있을 것이다. 하지만 이것은 보조적인 수단이기 때문에 알고리즘에 신경 쓰기보다는 유익한 정보를 담은 좋은 콘텐츠를 제작하는 것에 더 집중해야 한다. 해시태그, 업로드 시간, 트렌드 음원 사용 등은 말 그대로 보조적인 수단일 뿐이다. 사람들이 좋은 콘텐츠라고 인식하게 되면 지속적으로 유입되고 공유, 저장을 하면서 선순환을 할 확률이 높아진다. 결국 꾸준하게 계속하다 보면 자기만의 콘텐츠 콘셉트가 명확해질 것이고 더 좋은 콘텐츠를 만들어낼 수 있는 실력이 생기기 때문이다. 좋은 콘텐츠와 꾸준함을 이길 수 있는 알고리즘은 없다는 것을 명심하자.

19
팔로워를 늘리는 노하우

많은 사람들이 인스타그램 계정을 운영하면서 가장 까다로운 것이 팔로워를 늘리는 것이라고 하소연한다.

자신이 다른 사람을 팔로우하는 과정을 생각해 보자. 우연히 발견해서 들어간 SNS 계정을 팔로우하려면 어떤 과정을 거칠까? 우선 콘텐츠들을 둘러보면서 자신의 관심사와 잘 맞는지 확인한다. 우선 가볍게 '좋아요' 버튼은 눌러줄 수 있지만 모르는 계정에 댓글을 달지는 않는다. 내 활동 기록이 남기 때문이다. 해당 콘텐츠가 너무 좋으면 지인에게 공유하거나 저장을 할 수는 있다. 하지만 굳이 그 계정을 팔로우하지는 않는다.

이는 마치 우리가 상점에 들어가서 상품을 구매하

는 과정과 비슷하다. 편하게 둘러보기는 하지만 실제로 구매로 연결되려면 상당히 까다로운 검증 과정이 필요한 것이다. 커머스 기업에게 '구매전환율'이라고 부르는 지표가 매우 중요하듯, SNS 계정 운영자에게는 '팔로워 전환율'이 매우 중요하다. 그것이 곧 수익과 직결되기 때문이다.

특정 계정을 팔로우하기 위해서는 이 계정이 나에게 유익하거나 내가 좋아할 만한 콘텐츠를 지속적으로 업데이트된다는 확신이 필요하다. 게시물의 내용과 업데이트 주기, 게시자의 반응이 활발한지 등을 보면서 호감이 생겨야 결국 팔로우 버튼을 누르게 된다. 그러므로 정체성이 잘 드러나는 프로필 세팅, 통일성 있는 피드 콘셉트, 꾸준한 콘텐츠 업데이트, 팔로워들과 활발한 소통 등을 모두 신경 써야 한다. 인스타그램 팔로워를 늘릴 수 있는 노하우를 소개해 보겠다.

1. 전우 찾기

처음 SNS 계정을 시작해 보면 자신의 콘텐츠를 봐줄 사람이 적기 때문에 의기소침할 수도 있다. 우선 자신의 콘셉트에 맞춰서 콘텐츠를 몇 개 업로드한 후 본인의 콘텐츠에 관심을 가질 만한 사람들의 계정을 방문해 본다. 본인에게 노출된 피드나 탐색 탭의 콘텐츠로 가보면 활발하게 댓글을 남긴 사람들을 찾을 수 있다. 그중에서도 자신의 계정을 활발하게 운영하는 사람을 골라서 좋아요, 댓글을 남겨보고 팔로우를 한다. 당신이 여러 개의 콘텐츠에 '좋아요'를 한 번에 누르고 댓글도 여러 개 달면 게시자에게 당신의 활동이 바로 보이기 때문에 당신의 계정에 방문할 확률이 높다. 그 사람도 당신의 게시물에 좋아요, 댓글, 팔로우를 해준다면 같은 목적으로 인스타그램에서 자주 소통할 수 있는 '전우'를 만났다고 생각하면 된다.

만약 당신이 게시물에 계속 반응을 보였으나 상대방이 내 계정에 와보지 않거나 반응하지 않는다면 해당 계정은 내 계정에 도움이 되지 않기 때문에 며칠 뒤에 언팔로우를 하면 된다. 팔로우가 수천 명 이상으로 많고, 인기가 많은 계정은 이러한 반응 회수가 낮을 수 있다. 그래서 처음 시작할 때에는 나와 소통해 줄 만한 비슷한 계정부터 공략하는 것이 좋다.

또한, 비공개 계정이거나 게시물을 잘 업로드하지

않는 계정도 피하는 것이 좋다. 인스타그램을 '구경'하는 용도로 사용하는 소극적인 사용자일 확률이 높기 때문이다. 계속해서 나와 소통하며 SNS를 키워 갈 만한 적극적인 사용자를 찾아야 한다. 그 목적이 비슷할 경우에는 센스 있게 서로 반응을 품앗이하는 관계가 될 것이다. 이렇게 초반에는 자신의 전우를 찾는 과정을 통해 든든한 기본 베이스를 만들어 놓는 것이 좋다.

2. 서브(Sub) 계정 만들기

인스타그램 계정은 계정 개설에 제한이 없어서 여러 개를 만들 수 있다. 이메일 주소를 미리 여러 개 만들어 두면 계정 개설이 쉽다. 서브 계정을 만드는 이유는 나의 '직원'으로 활용하기 위함이다. 자신의 메인 계정은 명확한 콘셉트와 전략에 맞게 운영하는 무대이고, 서브 계정은 그 외 다양한 활동들을 대신하면서 메인 계정이 성장할 수 있도록 도움을 주는 직원들이라고 생각하면 된다. 예를 들어, 처음 계정을 시작할 때 사람들이 댓글을 잘 달아주지 않을 수 있다. 그럴 때 본인이 생성해 둔 서브 계정들로 내 메인 계정에 좋아요, 댓글, 공유,

저장 등을 직접 해주는 것이다. 사람들은 아예 댓글이 없는 게시물에 가장 먼저 댓글을 다는 것을 부담스러워하기 때문에 서브 계정으로 댓글을 유도하는 것이 좋다.

주의할 것은 메인 계정과 서브 계정에 동일한 콘텐츠를 업로드하면 안 된다. 앞서 알고리즘에서도 설명했듯이 중복된 콘텐츠를 올리면 인스타그램 알고리즘에서 패널티를 부여할 수 있다. 심한 경우 계정이 삭제되거나 계정 노출을 제한시킬 수도 있으므로 조심해야 한다.

또는 서브 계정에서 흥미로운 콘텐츠를 올리고 메인 계정을 태그하여 유입시키는 방법을 사용하기도 한다. 프로필이나 본문에 메인 계정을 계속 노출해서 들어오게 만드는 방법이다. 메인 계정의 콘텐츠를 지키면서도 계정으로 유입할 수 있는 채널을 만드는 방법이다. 사실 여러 개의 계정을 운영하는 것은 만만치 않다. 신경 써야 할 계정이 여러 개로 늘어나기 때문이다. 계정이 활발해지고 팔로워가 크게 늘면 서브 계정의 도움을 덜 받아도 되므로 초반에만 좀 더 신경 쓰면 된다. 가장 중요한 것은 이러한 과정을 통해 나와 제대로 소통할 수 있는 팔로워를 만들고 신뢰를 쌓아가는 것이다.

3. 이벤트를 통한 신규 팔로워 모으기

새로운 팔로워를 모을 때 가장 효과적인 방법은 이벤트를 여는 것이다. 자신의 SNS 계정을 마케팅한다고 생각하면 이해하기 쉽다. 이벤트를 통해 무료 나눔부터 실제 상품, 기프티콘 등 다양한 상품을 제공해 줄 수 있다. 사람들은 무료로 상품을 제공받을 수 있다는 기대감에 이벤트 참여를 많이 하는 편이다. 이벤트에 참여하는 방법으로 계정 팔로우와 좋아요, 댓글 등의 반응을 유도하는 것이 가장 기본이다. 최대한 이벤트 참석 방법을 쉽게 만들어서 많은 사람들이 참여할 수 있도록 하는 것이 좋다. 또한, 상품이 좋은 경우 친구들을 많이 태그할수록 당첨 확률이 높다는 점을 강조하는 것도 효과적이다.

물론 이벤트만 참여하고 나중에 언팔로우를 하는 체리피커들도 있을 수 있다. 하지만 지속적으로 좋은 콘텐츠가 게재될 계정이라고 인식되고, 호감이 생긴다면 해당 계정과 지속적으로 관계를 유지할 것이다. 그러므로 어느 정도 계정에 콘텐츠가 쌓일 때 이벤트를 열어보는 것이 좋다. 이벤트를 통해 신규 팔로워들도 모으고, 기존 팔로워들과의 관계도 돈독히 할 수 있다.

　　나도 처음에는 직접 사비를 털어서 백화점 상품권을 보내주는 이벤트로 시작했었다. 그러다가 점점 팔로워가 늘고 협찬사들과의 관계가 돈독해지면서, 협찬사의 상품을 이벤트로 무료 제공해 줄 수 있도록 이벤트를 설계할 수 있게 되었다. 즉, 내 돈을 들이지 않고도 팔로워들에게 상품을 제공해 주고, 광고주들의 상품도 자연스럽게 광고하는 윈윈(WinWin) 비즈니스 모델이 생긴 것이다. 그래서 팔로워들이 나를 '이벤트의 여왕'이라고 부르게 되었고, 다음에도 새로운 이벤트가 열릴 것이라는 기대감을 형성하게 되었다. 나는 올해만 해도 선쿠션, 선크림, 책, 골프용품, 헤어제품 등 다양한 업체와 함께 이벤트를 진행했고, 참여율도 굉장히 높았다. 이런 과정을 통해 팔로워들에게 긍정적인 신뢰를 얻을 수 있었고, 이벤트로 유입된 신규 팔로워들과도 좋은 관계를 유지하고 있다.

제 3 부

4주 만에 인스타그램 인플루언서 도전해 볼까?

20
1주 차: 분석 및 설계

이제까지 SNS를 운영하며 수익화를 이루는 방법에 대해 알아보았는데, 지금부터는 인스타그램으로 4주 만에 수익화 계정을 만들어보는 실전 과정에 들어가 보자. 앞서 설명했던 내용들을 4주 플랜에 따라 정리해 보았는데, 개인에 따라 조금씩 다를 수 있다. 초보자들의 경우 어느 것부터 해야 할지 모를 수도 있을 텐데, 아직 감이 생기지 않는다면 다음의 4주 플랜대로 시작해 보자.

하나씩 하다 보면 어느 순간 협찬이 들어오는 수익화 계정으로 발전해 있을 것이다. 중요한 것은 끝까지 포기하지 않고 꾸준히 하는 것이다. 4주 플랜으로 시작해 본 후 최소 6개월 이상은 꾸준히 해야만 원하는 결과를 얻을 수 있다.

1주 차에는 성과가 눈에 보이지 않지만 매우 중요한 단계이다. 자신이 앞으로 계정을 어떻게 운영할지에 대해 깊게 고민해 보고 설계하는 과정이다. 직접 운영하면서 조금씩 변경할 수도 있지만 초반에는 누구나 이 과정을 꼭 거쳐야 한다.

소크라테스는 "너 자신을 알라"고 했는데, 이 말은 특히 인플루언서에 도전하는 여러분들이 가슴에 새겨야 할 말이다. 1주 차에는 자신의 장단점과 성향을 정확히 파악해야 한다. 어떤 주제를 정해야 꾸준히 할 수 있을지를 고민해 본다.

- 자신이 사진, 영상 등 어떤 콘텐츠에 특화되어 있는지 파악해 본다. 예를 들어, 영상을 잘 만들면 릴스 위주로 경쟁력을 강화하면 된다.
- 비슷한 주제로 운영 중인 경쟁자의 계정을 10개 이상 수집하고, 벤치마킹할 만한 포인트를 찾는다.
- 내 SNS 계정의 콘셉트를 정의 내린다.
- 보이고 싶은 나를 정의 내린다.

-내 SNS 계정의 메인 타깃, 서브 타깃 등을 정한다.

-내 계정을 통해 어떻게 수익을 낼 것인지 수익화 퍼널을 기획한다. 예를 들어, 나의 자체 쇼핑몰을 연결하여 수익을 만들 수도 있고, 광고 및 협찬을 받아 수익을 만들 수도 있다.

■ 내 SNS 계정의 콘셉트를 정의 내린다.

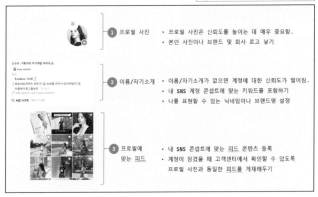

21
2주 차: 프로필 세팅, 콘텐츠 기획 및 업로드, 전우 찾기

2주 차에는 프로필을 세팅하고, 콘텐츠를 기획 및 업로드하며, 전우 찾기를 해야 한다. 자신의 인스타그램 계정의 콘셉트를 확립하고, 그에 걸맞는 콘텐츠를 기획 및 업로드해야 한다. 또한 초기에 서로 도움이 되는 전우를 만들어 성장의 발판으로 삼아야 한다. '십시일반(十匙一飯)'은 '밥 열 술이 한 그릇이 된다'는 뜻으로, '서로 도와야 유익하다는 것'을 일깨우는 고사성어이다. 십시일반의 마음가짐으로 좋은 전우를 만들어 보자.

- 콘셉트에 맞는 프로필로 세팅한다.
- 수익화로 연결하고 싶은 링크가 있다면, 멀티링크 서비스

를 통해 링크를 생성하고 프로필에 노출시킨다.

-콘텐츠를 기획해서 업로드하는 연습을 시작한다. 초반에
는 최소 1일 1 콘텐츠를 목표로 업로드해 본다.

-내가 직접 구매한 내돈내산 제품들로 리뷰를 시작해 본
다. 이때 이 콘텐츠를 보는 사람들에게 도움이 될 수 있는
정보를 제공하는 것이 중요하다.

-서브 계정을 만들어서 내 메인 계정의 게시물에 좋아요,
댓글, 저장, 공유 등의 반응을 보인다.

-나와 비슷한 관심사와 콘텐츠로 운영 중인 계정을 찾아가
서 좋아요, 댓글, 팔로우 등의 반응을 보이면서 꾸준히 소
통할 전우를 찾는다.

■ 나와 비슷한 관심사와 콘텐츠로 운영 중인 계정을 찾아가서 좋아요, 댓글, 팔
로우 등의 반응을 보이면서 꾸준히 소통할 전우를 찾는다.

22

3주 차: 체험단 리뷰 신청, 팔로워 늘리기, 콘텐츠 제작 실력 기르기

3주 차에는 이벤트 체험단 리뷰를 신청하고, 콘텐츠 제작 기술을 늘려서 팔로우를 늘리자. 아직 초기이니만큼 바라는 대로 팔로워가 늘지는 않겠지만 '우공이산(愚公移山)'의 고사성어를 떠올리며 힘을 내자. 우공(愚公)이라는 노인이 자신의 집을 가로막은 산을 옮기려고 대대로 산의 흙을 파서 옮겼는데, 이에 감동한 하느님이 산을 옮겨 주었다. 지성이면 감천이라고 꾸준히 노력하다 보면 여러분에게도 행운이 찾아올 것이다.

-내돈내산을 통해 피드를 어느 정도 깔아둔 다음 체험단 이벤트 리뷰를 신청한다. 처음에는 선정이 안 될 수도 있

지만 꾸준히 시도해 보자.

–체험단 리뷰를 신청하는 동안에도 내돈내산 리뷰와 나만의 콘텐츠를 지속적으로 업로드한다.

–소통하기 시작한 팔로워들의 계정에 매일 방문해 게시물에 반응해 주고, 새로운 팔로워들을 찾기 위해 최선을 다한다.

–피드와 릴스를 다양하게 제작해 보면서, 콘텐츠 제작 기술을 늘리는 것이 중요하고 자신이 어디에 강점이 있는지를 파악해 본다. 처음 생각만 했을 때와 다르게 실제로 만들면서 자신의 숨겨진 재능을 찾는 경우도 있기 때문이다.

–스토리도 매일 업로드하면서 팔로워들과의 관계를 돈독히 한다.

■ 피드와 릴스를 다양하게 제작해 보면서, 콘텐츠 제작 기술을 늘리는 것이 중요하고 자신이 어디에 강점이 있는지를 파악해 본다.

골프존 릴스 공모전(우수상): 골프용품(100만원 상당)

\#조회수: 25.7만 떡상
→ 팔로워 급증

23
4주 차: 이벤트 진행, 주변 피드백, 역제안

4주 차에는 리뷰 이벤트를 진행해 팔로워를 늘리고, 주위 사람들에게 자신의 계정을 보여주고 피드백을 받아 보자. 또한 광고주에게 협찬받을 수 있도록 역제안도 시도해 보자. '일신우일신(日新又日新)'은 '날이 갈수록 새로워진다'는 뜻으로, 은나라의 성왕과 탕왕이 반명이라는 대야에 '구일신(苟日新), 일일신(日日新), 우일신(又日新)'이라는 말을 새겨 놓고 좌우명으로 삼은 데서 유래한 말이다. 여러분도 나날이 발전하는 계정을 만들기 위해, 날마다 어제보다 나은 하루를 만들기 위해 노력해 보자.

- 이벤트를 통해 신규 팔로워를 유입시켜 본다. 이 과정을 통해 팔로워들이 내 계정에 얼마나 관심을 갖고 있는지도 파악할 수 있고, 나를 아직 팔로우하지 않는 사람들에게 얼마나 내 게시물이 노출되는지도 알 수 있다.

- 주변에 친한 사람들에게 자신의 계정을 보여주고 피드백을 받아본다. 피드의 배열이나 내용이 직관적인지, 다른 사람에게 보이고 싶은 나와 일치하는지 등을 확인해 본다. 만약 내가 원하는 방향으로 인식되지 못한다면 콘텐츠를 개선할 필요가 있다.

- 광고주에게 역제안을 해본다. 콘텐츠가 20개 이상 쌓여 있으면 콘텐츠의 콘셉트는 어느 정도 드러낼 수 있다. 체험단 리뷰 이벤트와 제품 협찬 역제안을 함께 해보면 좋다. 어떤 것이든 한 번이라도 협찬받을 수 있다면 콘텐츠가 괜찮은 방향으로 가고 있다는 것을 의미한다.

- 이 과정을 통해 어떤 것을 개선하고 어떤 방향으로 가면 좋을지를 점검한다.

광고/협업 포트폴리오

■ 광고 협업 업체

[패션] MLB
[패션] 럭셔리 브랜드 채뉴욕
[패션] FILA
[자동차] 현대자동차
[골프] 골프존
[골프] 마크앤로나
[골프] 더블플래그 골프웨어
[골프] 한국엡손 스폰서
[골프] 젝시오
[골프] 풋조이
[골프] 와이드앵글
[식품] CJ 제일제당
[식품] 하이트 진로
[건강] 동화제약
[건강] 일동제약
[건강] 센트룸
[뷰티] 헤어/뷰티 커리쉴
[뷰티] 샬랑드파리

■ 앰버서더/서포터즈 경력

[패션] 채뉴욕 앰버서더(최우수 크리에이터 수상)
[골프] 더블플래그 골프웨어 앰버서더(최우수 크리에이터 수상/2회 연장 활동)
[골프] 포카리스웨트 골프크루 버디온 활동
[패션] MLB 서포터즈
[패션] 세르지오타키니 서포터즈
[골프] PING 서포터즈
[골프] 마이에이밍 골프용품 서포터즈
[뷰티] 커리쉴 서포터즈(2년 이상 활동 중)

자주 묻는 질문들

Q1. 팔로워 수가 적더라도 수익을 낼 수 있을까요?

A1. SNS 계정을 운영하기 시작한 지 얼마 안 된 경우 팔로워 수가 적기 때문에 1천~1만 명의 팔로워를 보유한 '마이크로 인플루언서' 전략을 펼치는 것이 좋습니다. 마이크로 인플루언서는 팔로워 수가 적기 때문에 팔로워들을 더 잘 관리하고 신뢰를 쌓을 수 있다는 장점이 있습니다. 이러한 경우에는 특정 분야에 대한 지식이 많고, 취미나 노하우를 공유하면서 깊이 있는 관계를 형성하는 것이 좋습니다.

예를 들어, 베이킹, 꽃꽂이 등과 같은 특정 취미나 전문 지식을 공유하면서 관련된 제품 리뷰를 시작할 수 있습니다. 특히 제품 리뷰 콘텐츠를 잘 만들어두면 관련된 제품을 공동구매로 판매하여 많은 수익을 발생시킬 수도 있습니다. 이때 가장 중요한 것은 팔로워들과 신뢰 있는 관계를 형성하는 것이며, 해당 제품에 대한 '보증인'의 역할을 맡아야 하기 때문에 꼼꼼하게 제품을 살펴보고 판매해야 합니다. 단, 너무 많은 상품을 판매하기 시작하면 그동안 잘 쌓아왔던 신뢰가 깨질 수 있으므로 팔로워가 피로도를 느끼지 않는 수준에서 잘 조절해야 합니다.

Q2. 직장 생활을 하며 SNS 부업을 하려면 시간 관리를 어떻게 해야 할까요?

A2. 직장을 다니면서 취미가 아닌 수익이 발생하는 '일'을 하려면, 효율적인 시간관리를 필수적으로 해야 합니다. 주말이나 여유 시간에는 콘텐츠를 기획 및 제작해 두고, 평일에는 사람들이 가장 많이 사용하는 시간대를 고려하여 예약 게시 기능을 활용하는 것을 추천합니다. 또한, 하루 종일 SNS에 시간을 빼앗기면 본업에도 피해를 줄 수 있으므로 일정한 시간을 정해 놓고 SNS 활동을 집중적으로 하는 것도 좋은 방법입니다. 팔로워 관리를 위한 댓글 소통, 트렌드 파악 등은 단순 업무이기 때문에 출퇴근 및 이동 시간을 최대한 활용하는 것이 좋습니다.

Q3. 직장을 다니면서 수입을 어떻게 만들어야 할까요?

A3. 직장인이 SNS로 부수입을 만드는 경우 가장 큰 위험요소가 바로 회사입니다. 회사의 사내 규칙을 확인해 보고, 현금으로 입금을 받아도 문제가 없는지 미리 점검해 보는 것이 좋습니다. 다만, 모든 N잡은 동일한 리스크를 가지고 있기 때문에 항상 다양한 우회 방법을 고려해 보고, 어떻게든 시작을 하는 것이 중요합니다.

예를 들어, 제품과 서비스를 제공받는 것들은 대부분 크게 문제되지 않기 때문에 이 과정에서 현금을 만들어낼 수 있는 방안을 찾아보면 됩니다. 또한, SNS에 얼굴을 꼭 드러내지 않고도 수익화를 이뤄낼 수도 있습니다. 자신이 등장하지 않고도 할 수 있는 콘텐츠로 먼저 시작하세요. 요리, 육아, 맛집 투어, 자기계발 등 다양한 콘텐츠를 시도해 볼 수 있을 것입니다. 자신이 잘 알고 있는 SNS 인플루언서들 중에서도 본인의 얼굴을 드러내지 않고 하는 사람들도 많습니다. 다니고 있는 회사의 눈치가 보인다면 자신을 드러내지 않는 콘텐츠로 시작해 보세요. 만약 회사에서 임원이 되기를 꿈꾸는 사람이라면 N잡을 시작하지 않는 것이 좋겠지요.

Q4. 초보자도 쉽게 시작할 수 있는 인스타그램 운영 아이디어가 있을까요?

A4. 초보자들이 쉽게 시작할 수 있는 주제로는 '자신이 가장 좋아하고 익숙한 콘텐츠'를 추천합니다. 일상생활의 꿀팁을 공유하거나 제품 리뷰, 요리 레시피 제공 등이 좋겠습니다. 만약 그림을 잘 그리는 사람이라면 그림을 그리는 과정을 보여줄 수도 있고, 피아노를 잘 치면 피아노 치는 콘텐츠를 다루는 것이 좋습니다. 한 달 이상 꾸준히 힘들이지 않고도 만들 수 있는 콘텐츠로 시작해 보세요.

반대로 촬영을 위한 자원을 많이 소모해야 하는 것은 추천하지 않습니다. 예를 들어, 여행 콘텐츠를 시작하게 되면 콘텐츠를 위해 여행을 가야 하는 부담이 따릅니다. 이렇게 되면 결국 그 콘텐츠를 지속하기 힘들기 때문에 수익화를 이루는 기간까지 기다리기가 어려워 금방 포기하게 됩니다.

Q5. SNS 계정을 운영하면서 가장 많이 저지르는 실수는 무엇일까요?

A5. 다음의 3가지 실수를 가장 많이 저지르게 됩니다.

1) 선택과 집중

한 번에 너무 많은 SNS 계정 운영을 시도하는 경우가 있습니다. 처음부터 인스타그램, 스레드, 블로그, 유튜브 등 다양한 플랫폼을 시작하려고 하면 전략이 부실해져 이도 저도 아니게 될 수 있습니다. 그래서 처음에는 1개 플랫폼 계정을 완벽하게 완성시키고, 그다음에 다른 플랫폼으로 확장하기를 추천합니다.

2) 무분별한 광고와 판매

너무 많은 광고 피드를 올리거나 판매 촉진을 하면 팔로워들에게 피로감을 주게 되어 SNS 계정에 대한 신뢰가 떨어집니다. 그러면 자연스럽게 인기가 떨어지게 되고, 팔로우를 끊게 되면서 악순환이 시작됩니다. 제가 아는 인플루언서들 중에서도 광고를 너무 많이 올리고 판매를 시작했더니 팔로워들의 반응이 확연히 줄어든 경우도 많습니다. 빠르게 돈을 벌기 위해 소탐대실하지 말고, 팔로워들에게 유용한 정보를 제공하면서 한 번씩 광고나 공동구매를 끼워 넣도록 합시다.

3) 자랑스타그램

 인간은 자기보다 뛰어난 상대방에 대해 심리적으로 불편함을 느낍니다. 물론 연예인의 경우에는 동경의 대상이기도 해서 따라 하고 싶은 마음이 들 수도 있습니다. 하지만 일반인이 인플루언서로 활동할 때 가장 경계해야 하는 것이 바로 이 점입니다. 우리는 연예인이 아니기 때문입니다.

　우리가 팔로워들의 마음을 사로잡는 이유는 '공감' 혹은 '가치제공' 때문입니다. 나와 비슷한 사람에게 얻을 수 있는 대리만족, 공감, 가치 등이 있어야만 지속적으로 그 계정을 볼 이유가 생깁니다. 그런데 이에 대해 망각한 사람들은 콘텐츠의 주체는 상대방이 아니라 '나 자신'이라고 생각하게 됩니다. 이렇게 되면 아무도 궁금해하지 않는 자기만 만족하는 콘텐츠를 생산하게 됩니다. 콘텐츠를 제작할 때는 내가 좋아하는 콘텐츠가 아니라, 이 콘텐츠를 접할 팔로워나 광고주를 타깃으로 만들어야 합니다. 결국 그 어떤 마케팅 기법보다 중요한 것은 '좋은 콘텐츠'입니다. 이 본질을 이길 수 있는 꼼수는 없습니다.

TIP! AI 활용해 SNS 계정 운영하기

SNS 시대에 브랜드와 개인 모두 SNS 운영이 필수라는 것을 잘 알고 있다. 하지만 콘텐츠 생산과 팔로워 관리를 지속적으로 하는 데는 많은 시간과 노력이 필요하기 때문에 대부분의 사람들이 중도에 포기하는 경우를 많이 보아왔다. 자, 여기서 AI가 구원의 손길을 내밀어 준다. 당분간 우리의 미래는 'AI를 얼마나 잘 활용하는가?'로 개인의 실력이 결정될 것이다. 우리는 지금 기술 혁명의 한가운데에 있고, 이미 많은 사람들이 AI를 활용해 업무 효율성을 크게 높이고 있다. 특히나 효율적인 시간관리가 필요한 N잡러들에게 AI 활용은 필수다. AI를 활용하면 시간을 크게 절약할 수 있고, 데이터 분석 및 정보처리를 정확하게 해주기 때문에 인적 오류를 줄일 수 있다.

AI를 활용하는 것은 '나만의 비서'를 만드는 것과 같다. 과거에는 혼자서 모든 업무를 수행해야 했지만, 이제는 챗GPT가 출시되면서, 개인이 AI에게 편하게 업무를 시킬 수 있다. 놀라운 것은 챗GPT에게 업무를 시키면 웬만한 경력자들보다 훨씬 뛰어난 성과를 보여 준다는 것이다. 특히나 시간이 많이 소요되는 리서치, 정보처리 등에 최적화되어 있기 때문에 업무에 필요한 근거자료나 동향 파악 등을 하는 데 유용하다. 굳이 직원을 채용하지 않아도, 내 손발을 대신해 줄 직원을 만들 수 있는 것이다.

AI 활용법을 꼭 익혀야 하는 이유는 이미 많은 사람들이 AI를 잘 활용하고 있기 때문이다. 그렇다면 SNS 운영하는 데 AI를 어떻게 활용하면 좋을까?

SNS 운영하는 데 있어 가장 어려운 것이 바로 '지속성'이다. 매일 혹은 주기적으로 콘텐츠를 기획하고 생산해야 하는데, 인간의 창의력은 한계가 있기 때문에 그 작업을 계속 반복하기 어렵다. 챗GPT는 이러한 문제를 깔끔하게 해결해 준다. 아이디어가 떠오르지 않을 때 챗GPT에게 기본 뼈대에 대한 아이디어를 손쉽게 얻을 수 있다. 즉, 이제는 '기획력'만 있으면 챗GPT로 마음껏 콘텐츠를 생산할 수 있는 시대가 도래한 것이다. 자신이 원하는 콘텐츠의 방향성과 요소만 잘 작성해 질문하면 지치지 않고 끊임없이 아이디어를 제공해 준다. 여기서 가장 중요한 것은 '질문을 어떻게 하는가?'이다. 챗GPT에게 최대한 명확하고 자세하게 질문해야 자신이 원하는 결과를 얻어낼 수 있다. 예를 들어, 'SNS에 어떤 콘텐츠를 올리면 좋을까?'라는 질문은 1차원적 질문이다. 챗GPT에게 질문할 때는 자신이 원하는 것을 집요하고 상세하게 물어보는 것이 좋다. 육하원칙에 따라 최대한 모든 정보를 질문에 반영하면 된다. 챗GPT는 우리의 예상보다 훨씬 똑똑하기 때문에 질문만 정확하게 입력하면 우리가 원하는 대부분의 정보를 모두 얻을 수 있다. 다음은 챗GPT에게 질문하는 방식의 단계별 예시이다.

1단계: 기본적인 질문

"SNS에 어떤 콘텐츠를 올리면 좋을까요?"

2단계: 약간 구체화된 질문

"20대를 타깃으로 하는 패션 브랜드의 SNS 계정을 운영하고 있습니다. 어떤 종류의 콘텐츠를 올리면 좋을까요?"

3단계: 구체적이고 상세한 질문

"20대 여성을 주 타깃으로 하는 캐주얼 패션 브랜드의 인스타그램 계정을 운영하고 있습니다. 팔로워 수는 약 5천 명이고, 주로 서울 지역 고객들입니다. engagement rate를 높이고 팔로워 수를 늘리기 위해 어떤 종류의 콘텐츠를 어떤 주기로 올리면 좋을까요?"

4단계: 복잡하고 다각도의 접근이 필요한 질문

"20대 여성을 주 타깃으로 하는 캐주얼 패션 브랜드의 인스타그램 계정을 운영하고 있습니다. 현재 팔로워 수는 5천 명이고, 주로 서울 지역 고객들입니다. 최근 3개월간 engagement rate가 2%에서 1.5%로 떨어졌고, 팔로워 증가율도 둔화되고 있습니다. 이를 개선하기 위한 콘텐츠 전략을 수립하고자 합니다. 콘텐츠 종류, 포스팅 주기, 해시태그 전략, 인플루언서 협업 방안 그리고 인스타그램의 피드, 스토리, 릴스 등의 기능을 어떻게 활용해야 할지 조언해 주세요. 또한, 경쟁 브랜드와의 차별화 전략도 함께 제안해 주시면 감사하겠습니다."

5단계: 고급 분석과 시각적 요소를 요구하는 질문

"20대 여성을 주 타깃으로 하는 캐주얼 패션 브랜

드의 인스타그램 계정 운영에 대한 종합적인 전략을 수립하고자 합니다. 현재 상황은 다음과 같습니다.

- 팔로워 수: 5천 명(주로 서울 지역에 거주하는 20~25세 여성)
- 최근 3개월 engagement rate: 2%에서 1.5%로 하락
- 월 평균 팔로워 증가율: 5%에서 2%로 둔화

이를 바탕으로 다음 사항들에 대해 조언해 주시고, 가능하다면 표나 차트 형태로 정보를 제공해 주세요.

1. 주간 콘텐츠 캘린더 예시(콘텐츠 유형, 포스팅 시간 포함)
2. 인스타그램의 피드, 스토리, 릴스 등 기능의 활용 전략과 최적화 비율
3. 해시태그 전략(상위 10개 추천 해시태그 목록 포함)
4. 인플루언서 협업 전략(팔로워 규모별 인플루언서 분류 및 협업 방식 제안)
5. 경쟁 브랜드와의 차별화 전략
6. engagement rate와 팔로워 수 증가를 위한 월별 목표 설정 및 KPI
7. 콘텐츠 성과 측정을 위한 주요 지표 및 분석 방법

"각 항목에 대해 상세한 설명과 함께, 실행 가능한 구체적인 제안을 부탁드립니다. 또한, 이 전략을 실행했을 때 예상되는 3개월 후의 engagement rate와 팔로워 수 증가율에 대한 예측도 함께 제시해 주세요."

위 내용에서 확인할 수 있듯이 챗GPT는 우리가 궁금해하는 대부분의 정보를 제공해 주는 든든한 '비서'다. SNS 계정을 운영하는 데 챗GPT를 활용하는 방법은 무궁무진한데, 특히 콘텐츠를 기획할 때 주제에 대한 아이디어를 얻으면 큰 도움이 된다. 예를 들어, 패션 카테고리의 SNS 계정을 운영하는 사람이 주간콘텐츠 기획을 할 때 일주일 콘텐츠 플랜을 짜달라고 하면, 우리의 비서가 알아서 척척 세워준다.

다만, 챗GPT가 내놓은 답변은 그대로 따르지 말고, 자신의 콘텐츠 전략과 콘셉트에 따라 내용을 수정해 사용해야 한다. 챗GPT가 알려주는 정보는 기본 뼈대라고 생각하고, 그 뼈대에 자기만의 살을 붙이고 색을 입혀 온전히 본인의 것으로 만들어보자. 이 과정을 통해 자신만의 개성이 담긴 창의적인 콘텐츠를 만들어낼 수 있을 것이다.

우리는 언제나 실직을 당할 수 있다

이 책을 통해 SNS로 수익화를 이루는 방법에 대해 알아보았다. 이 책을 끝까지 읽었다면 이제 당신도 SNS를 활용하여 새로운 수익을 창출할 수 있다는 자신감이 생겼을 것이다. 하지만 막상 시작해 보면 실제로 SNS로 수익을 창출하는 것은 결코 쉽지 않을 것이다. 꾸준한 노력과 시간이 필요하며, 경쟁이 치열하기 때문에 차별화된 콘텐츠와 마케팅 전략이 필요하다. 그런데도 우리가 SNS 수익화를 시도해야 하는 이유는 무엇일까?

회사 생활을 10년 넘게 하다 보니, 함께 일했던 리더들이 회사를 그만두게 되는 상황을 종종 목도하게 되었다. 이제 직장은 더 이상 우리에게 안전한 울타리가 되어주지 못한다. 세상이 변하면서 전통적인 직업은 점점 사라져가고, 새로운 직업이 탄생하고 있다. 이러한 변화에 발 빠르게 대처하지 않으면 도태되고, 결국 오랫동안 충성한 회사에서도 내쫓길 수 있다. 자발적으로 은퇴하는 것이 아니라 등 떠밀려 은퇴를 당할 수 있는 것이다.

이때 미리 준비해 둔 N잡이 있다면 경제적인 어려움을 겪지 않고 새로운 삶을 시작할 수 있다. 취미로 시작했던 N잡이 제2의 삶을 시작하는 발판이 되어줄 수 있는 것이다. 회사의 명함이 수명을 다해도 N잡의 기반을 갖추고 있는 사람은 큰 어려움을 피할 수 있을 것이다. 그러므로 단순히 부수입을 벌겠다는 생각으로 N잡에 접근하지 말고, 은퇴 후 새로운 직업을 찾기 위한 여정으로 받아들여야 한다.

그중에서도 SNS 수익화는 우리가 큰 부담 없이 시작해 볼 수 있는 N잡이다. 큰 자본을 들일 필요가 없기 때문에 리스크를 최소화할 수 있다. SNS는 누구나 쉽게 접근할 수 있고, 자신이 가진 역량을 활용하여 다양한 수익을 창출할 수 있다. 어차피 우리를 포함한 대부분의 사람들이 SNS를 사용한다. SNS에 소비하던 시간을 이제 '생산하는 시간'으로만 바꾸면 된다. 우리는 이미 SNS에 익숙하기 때문에 큰 어려움 없이 시작해 볼 수 있다. 자신이 좋아하는 분야의 콘텐츠로 수익을 창출하며, 이 과정에서 자신의 역량을 향상하고 새로운 경험을 쌓아보자.

당신이 동굴에 숨어 있을 때 당신의 재능은 빛을 발하지 못한다. 큰 무대에서 당신을 알려야만 당신의 재능에 가치가 생기고, 사람들에게 영향을 줄 수 있다. 그리고 당신의 영향을 받는 사람들이 점점 많아지면 자연스럽게 돈은 따라오게 되어 있다.

이 책을 읽은 당신이 SNS 수익화 도전을 통해 새로운 삶을 시작하고, 더 나은 미래를 준비할 수 있기를 바란다.

도움을 주신 분들

검은우주	유연규	한별
권미경	유정환	한재영
길민식	윤	행동력대장
김민수	은아	허기아빠
김성준	이다현	혜원잉
김종우	이대규	홍성준
김카니	이델	ALEX SIM
김효연	이민영원장	ddoyou****
너골구리	이석봉	Jacob Lee
동그링	이슬기	JH
드로우	이하율	jhr0508
딸기	임동은	joohwan
류재연	장성준	june
박예인	장순철	kana
백미란	장지욱	lol
별님	조성은	MH
뻐리	지영	Minji
사당Sadang	찰진	Minz
서영	채혜진	MiriKim
세라	최상국	NATURE
손연지	최재원	Simon신호칠
수	최주현	sy
연우연수	표현수	Victoria
유리퍼즐	피카지옹	ys

4주 만에 준비하는 N잡러 가이드 1
인플루언서 되는 법

1판 1쇄 인쇄 2024년 10월 20일
1판 1쇄 발행 2024년 10월 25일

지은이 신소라

펴낸이 이윤규
펴낸곳 유아이북스
출판등록 2012년 4월 2일
주소 서울시 용산구 효창원로 64길 6
전화 (02) 704-2521
팩스 (02) 715-3536
이메일 uibooks@uibooks.co.kr

ISBN 979-11-6322-154-8   03320
값 13,800원